大量阅读的重要性

李家同 著

中国人民大学出版社
·北京·

代序——

两个不同的孩子

李家同

假设我们有两个不同的孩子，一个非常喜欢看课外书，而且看的都是很有深度的书，另外一个却丝毫没有看课外书的习惯，这两个孩子会变得怎么样呢？

首先，我们要知道，完全没有阅读习惯的孩子，会缺乏阅读的能力。也就是说，随便给他一篇文章看，他会有看却看不懂，或者说抓不到文章的重点。因此我们可以想象这个不常阅读的孩子可能功课会不太好，并非他不用功，实在是他用功了半天，但因为抓不到重点而没有能将学问吸收进去。

这个孩子很可能数学老是考不好，是他的逻辑思维有问题吗？也许他的逻辑思维是没有问题的，但是他极有可能搞不懂数学题目，也可能因为阅读不够，看了太长的题目就心生恐惧。除此之外，他还一定要在初中时接触到自然课程，但对他来说，关于热传导、原子量、辐射等的叙述似乎是在讲“天书”，连看都看不下去，根本谈不上懂这些玩意儿了。

功课不好，已经是相当严重的事，又因为阅读不够，孩子可能会缺乏普通常识，现在各级的考试，题目都越来越灵活，我们的这个孩子又要吃大亏了。有一次，考题里面提到2005年的巴黎骚乱，他从不看报，就算看报也不会看国际新闻，如何答得出来？缺乏普通常识，也使他一辈子无法和很多人交谈，因为别人讲的东西他听都没有听过，如果别人提到巴勒斯坦问题，他不知道巴勒斯坦有什么问题，说不定他搞不清楚巴勒斯坦和巴基斯坦有何差别；他大概知道美国在阿富汗打仗，但他搞不清楚为什么美国要在阿富汗打仗，至于美国的对手是谁，他更加不明白了。

即使他的专业知识不错，他也不太可能在职场上发展很顺利，因为他很难和陌生人闲谈。如果他在一家计算机公司工作，他的上司要派人去欧洲谈一笔大生意，他虽然可以回答所有专业的问题，但他仍未被派去，因为他对欧洲一无所知。

缺乏普通常识的另一个结果是他可能对法律一无所知，比如说，我们都有点怕警察、怕政府，总认为他们代表国家，是有权威的，但是政府的权力是有限的，他们不能随意滥用公共权力。只是我们的孩子如果普通常识不够，他就无法知道这一点。也就是说，他虽然拥有法律赋予他的权利，他却不知道他有这种权利。

因为书看的不够多，这个孩子的表达能力也不好，有时他的确将事情解决了，却无法说明问题之所在，也无法说明他究竟是如何解决这问题的。有时候，他也会向上司做演示文稿，他可能没有将最重要的观点表达出来，他的上司因此不能听懂；即使他听懂了，也不觉得他的想法有多重要。在这种情况下，他多么吃亏。

反观那个常常看课外书的孩子，他比较会抓文章的重点，所以看任何一篇或任何一段教科书的内容，不仅能看得懂，也能知道文章的重点，他不一定非常聪明，但功课不会太差。

因为他书看的多，他的普通常识也就会比较丰富，如果考试题目和时事相关，他也比较不怕。并且因为他的普通常识丰富，他可以和各种人交谈，当他的上司要派人去和外国大公司接触的时候，他永远是人选之一，也因为他有比较宽广的国际视野，他知道如何打开国际市场。

阅读多，口才一般都比较好，做演示文稿的时候，他会把他的想法，以精确、正确且清晰的方式讲出来，上司可以听得懂，因此可以欣赏他的优点。

阅读多，普通常识丰富，作决定的时候会比较理智且冷静，因为很多书里都会提到历史上曾出现过的错误决定，他很少会上当。他还有足够的法律常识，因此能充分地保护自己。

比较这两个孩子，我们实在太应该鼓励大量阅读了。我们有很多孩子表现得不够理想，不一定是因为他不够努力、不够用功，而是因为他根本看不懂教科书。我们有很好的农产品，始终无法打开市场，这是因为我们农民的普通常识不足，对于如何推销，毫无概念。

糟糕的是，不阅读的往往是弱势群体的孩子，这就造成了教育程度上的差距。如果我们不设法让弱势群体的孩子大量阅读，我们的教育差距不可能因此缩小。

在这本书里，我提出了一个“奇怪”的想法：我们应该给孩子读一些一般认为是枯燥无味、毫无文学气味的文章，比方说，要让他们读一些有关热传导的文章，因为孩子们在受教育的过程中，毕竟都必须要读懂这一类的书。我承认这是非常奇怪的建议，而且我知道有很多孩子很排斥读这类文章，有些孩子在排斥之下根本就不看这类教科书，那么这些孩子的功课怎么可能会好呢？我担心的是：没有语文老师听得进我这种想法，但我已下定决心要推广这个想法。

我将这一类的阅读称为“思考性”的阅读，因为这类阅读将提高学生的思考能力。

目　录

引 言

阅读应该是不受任何限制的，是随兴自在地看自己想看的书。小朋友的阅读量不够，语文和作文就不好，连带数学也一定不好，因为抓不到文章的主旨，也看不懂题目。普通常识不可能都来自课本，一定要大量的阅读才有助于提升能力。

——李家同

“大量阅读”的反面就是“精读”，在谈到大量阅读的重要性之前，首先需要先谈谈“精读”这个概念对我们的影响，这是我们中国人自古以来的重要想法，也是一种过分严肃的看法，但它却对我们现在的阅读观念造成了很大的阻力，形成一种无形的障碍。

中国人过去的阅读，就是所谓的读“圣贤书”，这与过去的时代背景有关。在古代社会里，阅读识字是王公贵族这些高阶层的人才能享有的权利，而一般平民百姓则消费不起。平民百姓大多把时间用在耕作劳动等生产性的活动上，真正能培养出一名秀才，是相当不容易的，但这也是提升其社会地位的最好方法，所以过去的平民父母会为了下一代子女的未来，牺牲自己去培养他们念书。

而念书就是指读那些所谓的“圣贤书”，也就是参加科举考试必须要读的书籍。在念书就等同于参加科举考试的观念下，考试就成为要精读书籍的一个主要原因，必须要把那些古代圣贤所讲述的道理，也就是“四书五经”的内容，每一个字句好好地仔细推敲，还要作眉批，再进而从这些字句里写出一番治国理政的大道理，这样的文章若能获得考官的青睐，才能得中乡试、会试、殿试，成为秀才、举人、进士，最后出仕为官，前途大好，并且脱离贫困的农民苦力这些下层的社会生活。

除了科举考试是一个原因之外，古代早期的笔墨、纸张和印刷等工具与技术，也没有现在这么方便。我们都知道，最早期是把文字以刀刻在竹简上，后来虽然发明了毛笔，但在纸张尚未出现之前，只能写在缣帛上。不论是刻写文字的麻烦不便，还是缣帛这种材料的昂贵，都造成古人不可能大量地写下文字，只能留下最精华的字句来流传，这也是我们古时候没有所谓杂书，只有这些圣贤书的精华思想流传下来的原因。

虽然中国到了明清时期就出现了像《三国演义》、《水浒传》、《红楼梦》这些章回小说，但直到活字印刷的技术成熟之后才产生了广泛的影响力。早期印刷的大多是佛经、佛像、年画之类，等到印刷既方便又价廉之后，这些小说才开始大量流传各地。不过文盲仍然是大多数百姓的普遍状态，识字率依旧不高（还要靠“说书先生”去讲述这些章回小说的内容，所以也不尽然是靠印刷出来的书籍来传述这些故事），阅读仍旧不是普及的事。更何况，这些书也被界定为闲书，是一般士大夫之流都鄙弃的、无用的书。

《三国演义》书影，罗贯中著，台湾书房出版

《水浒传》书影，施耐庵著，台湾书房出版

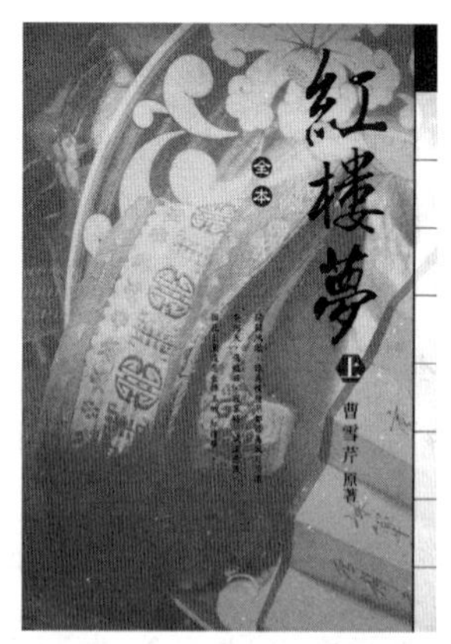

《红楼梦》书影，曹雪芹著，台湾书房出版

同样的，在外国也有类似的情形。外国以前也没有那么多的小说，大多是宗教类书籍，如《圣经》等，阅读一开始也集中在贵族宫廷。最早的埃及纸莎草纸也比较昂贵，所以那时候的阅读都不是普遍阅读，也不是大量的阅读。

不过这种情况到了现代之后，有了很大的转变。时代的进步，知识信息的广泛大量传播，已迫使我们需要读很多的书，以扩展我们的视野和提升我们的观念。可是我们仍然停留在旧时的“精读”观念上，教育制度也让我们的孩子为了应付考试而念书。这样一来，阅读学习的本意已然失去，文字和书籍原本要传承的人类经验和知识，只剩下为考试而读的僵硬内容。父母亲耳提面命地对孩子所说的“念书”，指的都是那些为学校考试而念的教科书、参考书或习题，等等。大人们会叫孩子正襟危坐地看书，甚至劝孩子不要看杂书。

我们这些大人自己都是过来人，其实也都知道，光是为了考试而念的书都非常无趣，但我不是说这些书中的知识和道理是没有用的，而是当我们没有把教科书里的知识和实际生活联系在一起时，念起来就会变得相当枯燥无味。而且当我们从学校毕业之后，又有多少人会保持着阅读的习惯？在家长自己没有以身作则的情况下去要求孩子念书，告诉孩子念书有多好多好，孩子们自然也不会相信。

这些都是因为我们这些大人误解了读书就是精读考试用书，却忘记了在教科书之外，还有大量的课外读物，这些读物才是让孩子产生兴趣和动力，并且把生活和知识联系在一起的媒介。孩子会因为书里的故事引发好奇心、引出他的疑问和想法，或是想要了解书中事件所发生的背景，例如一些历史因素，这可能会让他回过头来，主动去寻找教科书中所讲的道理和知识。

此外，或许一般人还会认为，阅读好像只是跟写写文章或娱乐消遣这些有关，跟数理逻辑思维这些没有关系。所以，认为阅读大量的所谓闲书的课外读物，对于课业不会有帮助，这也是错误的想法。阅读不只有影响，而且会有很大的影响，许多小朋友的加减法学不好，都跟阅读不够有很大的关联。在我们的基础根基没有打好的情况下，再往上的高等教育，也会出现很大的问题。

这是我多年来一直在提倡大量阅读的原因。我们太不注意“兴趣”的重要性，且对阅读有过分严肃的看法，这是我们整个社会不太喜欢念书的主要原因。就像我们有很多人都喜欢运动，如学生在大热天里，也会在大太阳底下打篮球，试问，打球的时候，我们会先想到目的是为了增加体力或保持健康吗？恐怕并不是如此。绝大多数的人打篮球时，完全只是因为他们喜欢打篮球，没有任何“崇高”的目的。

因此，我要不断地推销这一理念：念书应该是一件轻松而有趣的事。如果念书是一件严肃的事，大家永远不可能有终生念书的习惯。在轻松的阅读、大量的阅读之下，自然就会有它的作用产生。潜移默化之间的效果，绝对比功利性的“有用无用论”这样的思维要来得好。我尤其希望中小学老师们能够使中小学生喜欢看课外读物，从小能培养和体会出阅读的乐趣，这样长大之后才会有持续阅读的习惯，对孩子们、对社会来说，这都是一件好事。

第一章

为什么我们需要大量阅读

基础得靠阅读来奠定。普遍原则非从书中得到不可，不过还得拿到实际生活中检验。人们对于某个话题的说法，都是从许多人那儿收集来的。于是人只抓到真相的局部，而彼此之间差距之大，会使他永远不能获得全面的观点。

——约翰逊（Samuel Johnson）

过去我们的教育，大都是听到老师或父母不断地跟我们说，阅读有哪些哪些好处，或是传统上所说的“书中自有黄金屋”这样的比喻。可是，对于那些没有进入阅读世界的人来说，这样的比喻他们是无法体会的。也许我们要转换一下说法，先从反面来看，也就是从缺少阅读时会产生什么问题来谈一谈，因为这些感受会比较直接、常见，可以让大家从中体会问题所在。

什么是“不能阅读”

也许有人会说，哪有人不能阅读的？如果说他是文盲的话，当然就无法阅读。可是台湾地区有多少人是文盲？自从义务教育实施以来，文盲恐怕是非常少的，除非是年纪非常非常大的人，才会真的不认识字。在目前大多数人都识字的情况下，又怎么会有不能阅读的人呢？

在这里我需要说明一下，什么才是真正的阅读。在英国，常常会举办一种有关阅读的考试，考试结束后便会宣布，有多少人“cannot read”，也就是“不能阅读”。什么是“不能阅读”呢？这里的意思和文盲不识字的情况是不一样的。这里的意思是说，当我们给他一本书，或者是给他一篇文章看，若看过之后，却搞不太清楚这本书或这篇文章在说些什么，那就是“cannot read”，即不能阅读。

在偏远地区的很多初中生，甚至是高中生，都属于这种“不能阅读”、“不会看书”的情况。如果叫他看一本厚厚的书，可能会要了他的命。那么看什么样的书就没问题呢？通常看漫画书就没有问题，只有漫画，他才看得进去。可是这一点也是我相当担忧的事情，连环漫画书的图像式呈现方法，对小孩子的思考及其发展，似乎有很严重的影响，一旦习惯了看漫画书，可能导致不会看一般的文字书籍，会失去阅读的能力。所以我会建议尽量把漫画书收起来，不要让小孩子看漫画书。

有一次，我送了一本福尔摩斯探案的书给一位小朋友。一般来说，我们都会认为福尔摩斯这样的侦探小说，应该很容易阅读，内容也很有趣，相当适合小朋友。但他却跟我说：“老师，我看不懂。”我反问：“为什么会看不懂呢？”他回答：“我以为福尔摩斯是个侦探，可是看了之后发现他是个医生。”我便跟他说：“作者是用华生医生的口吻来说故事，他是位医生，可是福尔摩斯是他的好朋友，只要这样想就可以了啊！”但他又说：“作者明明是柯南·道尔，怎么会是华生医生呢？”然后我又花费了点时间跟他解释：“柯南·道尔是真正的作者没错，但他在书里，是以华生医生的身份来说福尔摩斯办案的故事。”他提出的种种疑问，我花了许多时间和用了一些方式，来设法跟他解释和说明。

也许我们会觉得很不可思议，为什么这些看似很简单的问题，对这个小孩子来说却这么困难？但也正因为他弄不明白这些地方，所以阅读对他而言，就变成一件有障碍和有难度的事，当然他也就无法感受到阅读的乐趣。

即使我花费了许多唇舌说明，但他后来仍继续提出他看不懂的地方，我再详细问他：“哪一句看不懂，不懂的地方在哪里？”他就说：“我不知

望乡部落：孩子认真地读绘本

道这一句话是谁讲的?"这个问题，有时候我们大人其实也会碰到，因为小说里的每句对白，作者不会一一详细交代是谁说的，难免会觉得混乱。不过这时只要再继续看下去就好，只有一两句话弄不明白，其实没有那么严重。但对这个孩子来说，一句不知是谁说的话，就可能成为阻碍他继续阅读的原因，若是如此，实在非常可惜，所以我再次认真地帮他解决难题。

于是我研究了一下语句，告诉他是谁说的，还有该如何去判断这个语句的前后关系。可是当他明白了这一句话之后，又有了其他不懂的地方，我便再问他："还有哪里看不懂?"他答道："里面的那个'他'，'他'是谁?"我继续研究这个"他"是谁，然后再为这个小朋友解惑。

这是一个很鲜明的例子，阅读其实和骑脚踏车一样，都要在练习之后才能学会。既然我们不可能在没有练习的情况下，就凭空学会骑脚踏车，那么同样，阅读也需要练习。如果读的书籍与文章比较多了之后，这些原本不熟悉的句子和不同的写作方式，像是"第一人称"的叙述方式，慢慢经过训练，就会渐渐懂得，也会了解原来说故事的方式有各式各样。不仅如此，也会越读越熟练，速度上还可以越来越快。

但却有很多人不明白，学习无法顺畅和进步的症结点是"不能阅读"。我再举一个例子来说明，大家就会更清楚问题的关键。

有一个学校的数学老师，觉得自己的学生在数学考试上老是考不好。虽然他很认真地教学，也确认学生都懂这些算式和方法，但就是不明白问题出在哪里。有一天，他突发奇想找了一位语文老师来，请这个语文老师在考试的时候，帮忙向学生解释一下数学题的意思。没想到在解释过后，学生们的考试成绩就好多了。

由这个故事，我们可以知道为什么学生的数学会考不好。其实不是因为他们的思维逻辑或是数学运算能力有问题，而是题目有时候太复杂，他们读不懂题目要他们做什么，也就影响到他们做题目解答。

近年来，有些考试所出题目，可说是有点走火入魔，为了让考试不跟实际生活脱节，所以出题时希望能够更“生活化”，这样一来，数学考试的题目，文字说明越来越长，因为要增加生活化的文字来叙述题目。可是越生活化，题目就会越困难，因为叙述的句子中，可能有太多的似是而非，甚至和这道数学题本身无关。

再举实例来说，题目的开头可能会先描述一个情境：“小明跟他的爸爸吵了起来，因为爸爸发现，小明买东西找回来的钱有错……”这样的描述绝对很生活化，但却和数学本身无关。可是对学生来说，他读过这些情境描述的文字，就会感到题目很长，而且也不知道这些句子对于解题来说究竟重不重要，在无法判断和犹豫之下，就影响到学生的解答。

这也就是我所说的“不能阅读”、“不会看书”产生的问题。特别是一些跟时事有关的题目，若是平日没读到这些新闻，那么一旦这些叙述出现在题目中，因为平时很少看书，就可能无法回答这些问题。

普通常识不可能全部来自课本

我常常听到有人说“我读过哪些哪些书”，或是“我读过什么文学著作”、“我读过哪些历史”，但这样的说法，其实意义并不大，因为阅读永远都不会足够。一方面，书是永远都读不完的；另一方面，在不同的年纪、不同的阶段，即使读同一本书，也会有不同的体会和感受。

这跟学习数学有点不太一样。比如说学习数学，在学完四则运算之后，可以再往上进一步学习代数，但这样大概就差不多了，因为这是一种

双龙部落：老师说故事时间

算术的法则，有一些基本的运算方法，基本方法学会了，在一般生活上使用也就差不多了。

可是书却永远都读不完，对任何一个人而言，永远都会有新知识出现，也永远都会有新发掘和考证出来的历史、新出版的文学小说、新发明的科学技术、新诠释的观点和理论，或是世界各地新发生的新闻。当这些各种各样的信息普及之后，就成了一般人生活中的普通常识，我们若不能随时通过看书、看报来补充这些信息，增长见闻，那么很容易就与这个世界脱节。

这些生活中的常识，不可能全部依靠课本而获得，因为教科书的内容是属于最精华和基础的知识，学校的教材也无法编写这么庞大的内容进去，我们更无法只依靠学校的老师或父母，来一一学习这么庞大的信息内容。

这也是我希望大家多读课外书的原因，那些平时不看报、不看书的孩子，一般的常识自然会不够。就如前面所说，现在各级考试的内容都越来越活泼，因为我们不希望孩子们死背知识、死用考试内容，所以在出题上，会广泛地从生活中下手，所以孩子若不晓得一些很简单的常识，自然无法做题目，给出正确答案。这样对于孩子来说，是极为不利的。

普通常识不足的例子

这里不妨说一说普通常识不足的例子，这样大家很容易就可以明白，当我们的常识不足的时候，会出现什么样的状况和误会，或者会闹出什么样的笑话。

同富部落：阅读延伸活动——手语教学

第一个例子："伊朗国王的白宫国宴"

有一次，伊朗国王受邀去参加美国白宫的国宴。不过要先说明一下，伊朗早在 1979 年已废除君主立宪制，现在已没有国王，这件事是发生在比较久之前。那次在国宴上，美国安排了国宴奏乐，奏出的乐曲是《阿拉伯之夜》。伊朗的国王听到后，大为恼火，认为这是在侮辱他。

为何会如此呢？其实道理很简单，因为伊朗的人民是波斯人，而波斯人和阿拉伯人是有世仇的，并不是同一个民族。波斯人在过去的历史中，曾经和很多国家的人打过仗，其中包括希腊人，但连希腊人也没有打赢波斯人，所以波斯人是非常强悍的。可是他们也有仇人，其中之一就是阿拉伯人。所以在伊朗国王面前演奏《阿拉伯之夜》，对伊朗国王而言，是一件非常不尊重、很不礼貌的事。

从这个例子可以得知，当我们缺乏某些常识时，身处不同的场合，一不小心就会讲错话、做错事，也可能产生很严重的后果，或影响到我们与他人之间的关系。甚至扩大到国与国之间的交际往来，还可能造成外交事务上的误会，甚至影响国家利益，或可能挑起国家间的争端。因此，千万不可小看普通常识的重要性。

第二个例子："美伊战争"

美国在 2003 年发动了伊拉克战争，但这场战争后来的发展，不但让美国处于一种进退两难的境地，而且也造成了伊拉克的大灾难，至少有 200 万难民流落到邻近国家，这些邻国包括了约旦、叙利亚以及黎巴嫩。为什么会产生这么多的难民？这当然是因为伊拉克境内的整体局势很不安定，而不安定则是由伊拉克的两个教派——逊尼派和什叶派——之争所造成的。虽然这两个教派都同属于伊斯兰教，但它们彼此之间，却有教义诠释

望乡部落：课辅妈妈陪着孩子读绘本

上的差别，不能和平相处。

除了逊尼派与什叶派之争外，还有另一个因素，那就是在伊拉克境内，还有第三个民族，就是北方的库尔德人，约占总人口的10%，库尔德人也是造成许多纷争和问题的重要原因之一。因为库尔德人大部分是住在土耳其境内的，他们原本的土地就在那里（第一次世界大战之后，西欧的列强把库尔德人的土地割让给了土耳其）。库尔德人渴望建立自己的独立国家，还曾在1980年发动军事政变。这也迫使土耳其的国会通过了一个法案，授权土耳其政府可以进入伊拉克境内，去追逐反土耳其的游击队。因此库尔德人也是伊拉克政局不稳定的因素之一。不过最严重的，仍是逊尼派和什叶派之间无法和平相处。

如果美国现在（指2010年。——编注）离开了伊拉克，那么两派之间势必会有内战发生，所以美国人才会进退两难，最重要的原因就在此。那么，当初美国总统小布什在决定进攻伊拉克时，有没有人告诉他这个重要的背景常识？或者，他本人是否曾去了解这个国家内部复杂纠葛的因素？由于伊拉克内部的复杂性，美国人在占领伊拉克之后，是否考虑过该如何治理？尤其美国人还扬言，要使伊拉克成为一个民主国家，但这样就能为伊拉克带来和平，并解决教派和种族之间复杂的冲突和多年的仇恨吗？问题显然不是这么简单。美国也因此如同陷入了泥沼当中，无法摆脱这个困境。更不用提美国发动战争，其实是为了它自己在中东的石油利益，所谓萨达姆政权拥有大规模杀伤性武器，只不过是个借口而已。

此外，美国人在推翻伊拉克萨达姆政权之后，还应该要注意一件事情，不能让伊拉克的军队直接解散，因为军队不会就这样解甲归田，他们一定会把军火带走，也许潜藏于山区、农村，成为更捉摸不定的游击队。

两国交战时，若战胜国的占领军发现战败国的军队消失、武器也不见时，就必须严肃以对。以前法国的拿破仑在军队进入俄国时，派了交涉大臣去说服俄国人投降，但俄国人没有投降，大臣却回报俄国军队都消失不见了，拿破仑很严肃地看待此事，不久之后，他就决定撤退。

但美国并没有从伊拉克撤退，从而陷入了骑虎难下的境地。这就是领袖级的人物事前考虑不周，常识不足，才会作出错误的判断和决策。对伊拉克而言，复杂的种族和宗教关系是一般人都知道的常识，但对美国来说，这些就是它该去了解的知识，但它只是站在自己的立场思考。这也就是我一再强调的：一定要具备一些普通常识，特别是面对不同的文化和宗教背景，绝不能直接拿自己的文化和思维方式来套用。

第三个例子："教宗及其夫人"

有一次我受邀为一本书作序，发现书上有一句话是："教宗走下他的汽车，右手挽着他的夫人。"这是一本外文翻译书，另一位看到这句话的朋友，便开玩笑地跟我说："也许天主教的教宗真的有夫人，但她是一位不敢公开露面的地下夫人。"

为了确认这件事，我便问了本书译者，想知道原文上是否真的有"教宗挽着他的夫人"这样的句子。那位译者回复说，原文上并没有这一句话，而是他自己加上去的。这让我感到很奇怪，于是又追问他，为什么要加上这一句话呢？他说："因为这本书的内容，是描写有关德蕾莎修女的故事，可是德蕾莎修女的故事不会有爱情的成分在内。所以我想这本书一定会卖不出去，因为这年头，还有谁会想看没有爱情故事的书呢？所以我才加上这一句话。"幸好，他没有擅自加上德蕾莎修女有男朋友，否则就更不得了。

这实在是一件令我吃惊的事，因为他并不晓得教宗是天主教的最高领袖，他更不知道这随意的一加，会造成什么严重的后果。我再追问他："假如你知道教宗是天主教的领袖，那么你认为他可不可以结婚呢?"可是他并不懂我在说什么，更回答不了这个问题。因为他不仅不知道天主教的神父不能结婚，他更不知道教宗也是一位神父。他也许懂得很多英文的语法和单词，英文也相当不错，然而，即使英文再好，却连一些普通常识都不足，擅自画蛇添足，也依旧会闹出笑话来。

第四个例子："WTO"的简写和全名

某次我到一个地方演讲，是用英文演说，当场有一位实时的口译，将我演讲的内容再翻译成日文。演说中有提到一个词"WTO"，大家应该知道，指的是"世界贸易组织"，也就是"World Trade Organization"的简称，而"T"这个单字就是"Trade"。没想到口译的人竟然把"Trade"翻成了"Travel"，于是"WTO"的全名，从原本的"World Trade Organization"变成了"World Traveling Organization"，中文就成了"世界旅行组织"，意思全然不同。

据我所知，这位译者事先还有准备过，却仍在翻译上出现这样的错误。况且，以演讲内容的前后文来看，应该也听得出来，用"Trade"才是正确的翻译，才能把整个演讲内容的前后意思连贯起来。这也许是他的普通常识不足，但也可能他没有用心在工作上，才会出现这么低级的误译。但如果他的常识充足，他可能会立刻警觉到自己的错误。

第五个例子："Junior"这个词的翻译

我曾在电视上看到一部HBO频道播出的电影，电影里有一个人说到"Junior"这个词。一般都知道，"Junior"是"二世"的意思。也就是说，当老爸的名字和儿子的名字一样，两人又同时出现在一个场合时，会分不清楚该如何区别两人的称呼。比方说有一人名叫卢火斯，他的儿子也是这个名字，当爸爸和儿子两人都同时在场时，一般就会用“Junior”来称呼年纪轻的那一位，也就是卢火斯的儿子。但我看到的电影里，却把“Junior”译成“裘尼尔”，很明显的，译者误以为“Junior”是一个人名，于是用了音译。

另外还有一个电影字幕的翻译，错误是出现在“General Dynamic”这个词上，这是指制造F—16战斗机的那家美国公司，中文通常译为“通用动力公司”。一般我们常听到的“General Motors”，通常译为“通用汽车公司”，而“General Electric”则是译为“通用电气公司”。可是这部电影，它明明从头到尾都是在讲制造F—16战斗机的事，所以“General Dynamic”当然是指“通用动力公司”。但是字幕从头到尾，都译成了“戴纳密将军”。很显然的，也没有人再去检查一次翻译字幕，这样的错误实在很可笑。观众们若不懂英文，可能就完全不懂电影在演些什么。

我们不能说是译者的英文程度不好，问题是出在他的普通常识不足。假如现在有一个人，他不知道“Microsoft”是指“微软公司”，那么也是相当严重的，就好比我们不知道“统一集团”、“鸿海公司”，或是不知道“郭台铭”是谁一样，这些都是日常生活中最基本的常识，不会写在课本里，也不会由学校来教。

对于我自己来说，大概有很多电影明星我并不认识，这也可以说是普通常识不太充足，但毕竟我不是电影圈里的人，若是这个行业的从业人员，还缺乏这一行的普通常识，必定会让人说不够专业，做事也绝对无法做得很好，还可能会失去很多合作或发展的机会。

第六个例子：“Reverend”这个词的使用

这个例子和上面的第五个例子“Junior”一样，同样都说明了译者的普通常识不足。“Reverend”的意思，通常不是指神父就是牧师，这个单词也有“可尊敬的、值得崇敬的”这层含意在内，但是通常用在大写时，是一种对教士的尊称，所以它指的就是神父或牧师，这是西方宗教文化的背景，所以对西方人来说，是一种很普通的常识。当我们有许多人在一起说话时，若其中有一位是基督教牧师或天主教的神父，那么在说到“Reverend”这个字的时候，通常就是指这位牧师或神父，若他是唯一在场的神职人员，那就更能确定是指他没错。

可是，我们的译者不了解这其中的常识或背景，在翻译的时候，反而误以为这个大写的名词是姓氏，就把这个字用音译的方式，译成“雷佛润先生”，实在是贻笑大方。这样的错误其实是可以避免的，只要我们的译者能多多充实他的普通常识，多去查证或查询一些不同国家的历史文化背景，就可以避免这样的失误。

上面这些例子所涉及的知识，都不是学校的老师或课本可以全部教给我们的，如果在出了学校之后，连一般基本的常识都不懂，难保不会出现令人尴尬的场面。在全球化的时代，信息流量大增，大量的阅读已不可避免。不仅在求学时期，要培养好喜爱阅读的习惯，而且离开学校之后，因为不再有人随时督促我们，更应该保有持续阅读的习惯。

缺少阅读，就如同缺乏了大量来自外界的刺激，我们整体的视野和观念就很容易被局限，像是井底之蛙一样，井中观天，所见的那片天空，必定被井壁遮挡，无法观看整片天空的宽广与辽阔。从中国近代史的例子来看，清朝实行闭关自守的政策，非但不晓得西方的坚船利炮已进展到什么地步，还依旧骄傲地以“天朝”自居，最后不堪一击，落得割地赔款的悲惨命运。

新乡部落：老师为孩子们说故事

罗娜部落：大孩子带着小孩子读故事

闭门造车，很容易原地打转。外来的刺激和交互流通，反而能冲撞出新的想法和概念，所以万不可关起门来自满得意。

还有一个真实的例子也值得我们注意，那就是美国在阿富汗的战争已进入第九年了（始于 2001 年，至 2010 年为九年。——编注），看来阿富汗的神学士势力丝毫没有减弱的迹象。美国这次同北大西洋的同盟国军队并肩作战，但阿富汗的神学士并没有任何一个强国支持他们，结果北大西洋国家的联军仍无法解决他们，为什么呢？

我们不妨看一本叫做《喀布尔撤退》（*Retreat from Kabul*）的书，这本书讲的是1842年大英帝国入侵阿富汗的故事。当时的大英帝国真可谓是如日中天，它已经统治了印度，阿富汗面积很小，大英帝国当然不将它放在眼里，但没有料到的是，他们的入侵完全失败，必须撤退，而且是1.6万人的大撤退。有一位军医逃到了境外的一个英军基地，基地的指挥官认为一定还会有人逃出来，因此下令将锣敲响，也将火把点起来，这样可以让生还的英国军人逃到这个安全的地方，但是没有一个人出来，这次大撤退，英国军队可以说是全军覆没。

如果看过这本书，一定会同意作者的话："阿富汗是外国军队的坟场"。

问题是：当小布什总统决定进攻阿富汗以前，他有没有看过这本书呢？他知不知道阿富汗从未被外国征服过？如果他有阅读的习惯，他就会知道；他如果平时不看书，当然就不会晓得了。

大人物当然应该靠大量阅读来汲取知识，一般人也是如此。我们进入社会，必须应付各种各样的问题，而应付这么多不同的问题，绝不是只靠专业的知识，而需要倚靠大量的常识。很多弱势群体，常常就因为普通常识不够而吃了大亏，最常见而容易理解的例子，就是弱势者往往不懂法律，因而被懂法律的人所欺侮，所以千万不可小看普通常识的重要性。

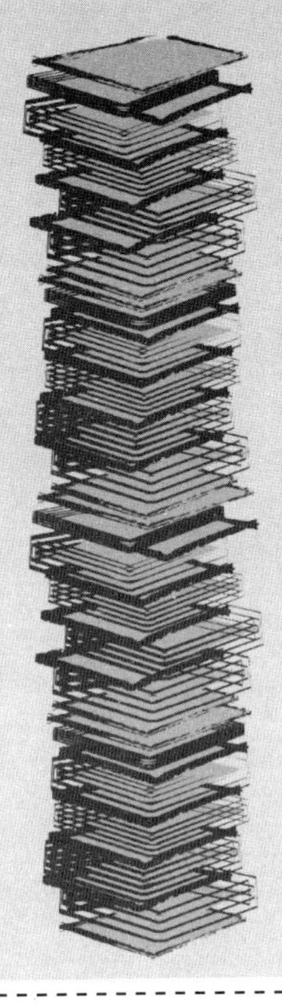

第二章
为什么有些孩子的学习能力有问题

当趣味贪婪地、无节制地吞食各种各样的书——诗歌、小说、历史、传记，然后停止阅读，久久地凝望着这多姿多彩活生生的世界，这时候，我们就会发现我们的趣味已经有所改变：它不再如此贪婪，它变得更富于思考。

——吴尔芙：《我们应当怎样读书?》(1926 年)

最基础的学习能力障碍：文化刺激太少

这么多年来，我一直持续着对整体教育的观察，发现仍然有相当多的小学生，到了四年级依然不会加法，到了五年级还不会减法。我们应该好好地探究一下，为什么这些孩子会在最基础的学习上出现问题或障碍？这其中有一个最首要的原因值得我们思考，这个原因就是：文化刺激太少。

文化刺激对于脑部的思考和活化来说，相当重要，而阅读，就是文化刺激的一个很大来源。缺乏文化刺激的原因，就是我们前面不断在谈的，一方面是“精读”和“考试”的观念，造成了大量阅读的不足；另一方面则是弱势家庭的孩子，从根本上就缺乏接触大量文化刺激的机会。

许多父母本身不看书，他们只认为念书就是念那些教科书，念那些所谓“有用的书”。与“考试”连接的阅读，自然让孩子听到父母催促他去念书，就会提不起精神，并且对阅读心生排斥。

而弱势家庭的父母，则可能没有太多的时间和金钱，投入到读书和买书上。影响所及，让孩子从小就没有看书的习惯，更无法接触到优秀文化。例如像是去听音乐会，也是比较不可能的事情。仔细观察去听音乐会的孩子，通常都是来自条件比较好的家庭，很少有贫穷的小孩子可以去听音乐会。而且，弱势家庭在填饱肚子都很勉强的状况下，看书就等于是一种奢侈的行为。

缺乏来自外界的大量文化刺激，他会对自己生长环境以外的人或事物一无所知，他会不知道原来世界很大，有很多奇奇怪怪、多姿多彩的事情，更有许多事情是他完全想象不到的。当然他的学习、思考和成长，就会有局限和障碍。

孩子在缺乏文化刺激的情况下，就会形成两点影响。第一点影响是前面提过的“普通常识不足”。且不提有关其他国家或文化的一些基本常识，如各国的领袖人物、宗教习俗，或是来自新闻、报纸或读物中的各种观点，像现在常提到的“全球化”、“全球暖化”这些议题都不知道。以我辅导过的孩子来说，就曾碰到初中毕业生却不知道大学有分科系的例子，这是有关升学最一般的常识，但他连这个都不知道。如果孩子连升学可以有很多不同的选择都不晓得，那么他该怎么去找到最适合自己的路呢？升学不见得非读大学不可，还有很多的专科学校，也许更适合自己的发展和兴趣，但他首先必须知道有很多不同的选择才行。

丰丘部落：孩子们悠闲地享受阅读

丰丘部落：孩子们读国语日报

此外还有许多其他的例子，如初中毕业生不懂得什么是打折，也有高中毕业生不晓得什么是预算制度。这些都是显而易见的常识不足，缺乏常识的结果，恐怕与他人的沟通都会出问题。

第二点影响是“学习任何科目都会有困难”。很多人不太了解，总以为阅读只跟语文程度有很大的关系，以为看书太少的话，会牵涉的课程只有语文和作文而已。但是我希望大家知道，阅读不足时，对数学、自然、社会等其他科目的学习，也同样会不好。也就是说，学习任何科目都会出现困难，以下分别细谈。

阅读不足，学习任何科目都有困难

1. 语文不好，数学等其他科目也一定会不好

我们前面提过一个数学老师发现学生读不懂数学题目的例子，一旦把这个因素排除，解决了学生不理解题目的意思之后，学生自然就会做题目了。这个例子就说明了语文不好，数学也会不好。所以我希望大家了

爱国部落：阅读角落看故事

解，阅读不足的影响相当地广泛和严重，绝对不止语文而已，不可疏忽。同样的，不只是数学课，其他的如化学、物理等，学习上也都会受到影响。

我个人有一个想法，只是这个想法非常离经叛道，恐怕不会有人理会我，也不会有人去执行这样的教学方式。因为我认为文字的使用，并不只是在文学上而已，我们生活中各方面都会使用文字，也都需要阅读文字，所以语文课不能只专门教文学性的文章，例如朱自清的《背影》或徐志摩的《再别康桥》等，这些都是很好的文章作品，不过为什么我认为不能只读这些作品呢？这是牵涉未来竞争力的问题，竞争力的呈现不仅要阅读朱自清或徐志摩这些文学性的文章，我们的孩子还需要看数学、物理和化学这些非文学类的书籍或文章。

所以我认为，语文课里，应该要收入一篇文章来教物理或其他科目的内容。不过我也曾想过，那些语文老师本身恐怕无法教这篇课文，因为他不是这方面的专业教师。可是我仍想朝这个方向去试试看，让学生能多读一些非文学类的文章，他们才能熟悉各种不同领域的语汇和名词，甚至是观念和论述。

此外，我还希望能出版一本给高中生读的英文课本，按照我自己的想法来写，内容与学校的英文课程无关，也与文学课程无关。第一篇就是谈数学，解二元一次方程式，全部都用英文写成。这样做的好处在于，可以让学生在进入大学的时候，不会对使用原文书的课程感到恐惧。另外也会收入化学、物理、生物方面的内容，还有社会学、心理学等，各方面都谈到一些，让学生不会对专门科目的英文词汇及其使用，感到害怕与担忧。

所以很显然，语文是所有学科中最基础的科目，任何一个学生，一旦从一开始起步学习的语文能力不佳，其他的功课也一概会被涉及，必定也学不好。语文的程度高低，与阅读量的多寡有很大的关联，平日若在阅读上加强练习，一定可以提高语文的程度和能力，并提高对文章重点与内容的理解，不可不对这个问题慎重看待。

2. 阅读不够，抓不到文章的主旨

前面已谈过“不能阅读”的问题，阅读能力不佳时，孩子在读一篇文章时，就必然无法抓到文章的主旨。只要试着询问一下孩子：“这篇文章主要讲什么?”如果他答不上来，那就是有“不能阅读”的问题。

这种情况不只是发生在小学、初中的学生身上，一直到研究所的学生，仍然存在这种现象。我发现有许多理工科的研究生，他们看不懂一些科学性的论文，有时并不是专业科目的程度不够，而是因为小时候在阅读能力上的训练不足。也就是说，他们当年没有形成大量阅读的习惯，等长大后念到大学、研究所，才发现自己这方面的问题。

我们发现孩子功课不好时，通常都会责怪孩子不用功，其实他极可能是看了教科书以后，没有能够抓到重点，因此考试的时候，他答不出来。

有一次，我给一些孩子看一篇福尔摩斯探案的文章，然后我请他们写下福尔摩斯如何破案的，出乎我的预料，居然没有一位小朋友写对，我们可以说，他们是白看了这个故事。

弱势群体的孩子最排斥阅读科学性的文章，比方说，假如你要他们看一篇文章，是有关于热传导的，他们通常都很不愿意看，当然，这种文章的确无趣，而且有时也的确很难懂，可是，如果这些孩子一直不敢读这类文章，他们如何能读初中的自然课内容呢？由于他们平时没有阅读的习惯，忽然看到了一篇很严肃的文章，即使看了，也会抓不到重点，没有能真正地体会到这篇文章的主旨。

3. 阅读不够，作文一定会不好

如前所述，如果我们连对文章的阅读和理解都出现问题，又怎么有办法下笔写出一篇好的文章？这是个延伸性的问题，缺乏阅读习惯的养成，作文也不会好，这是一定的。

而且，我们在写文章时，阅读的贫乏，一定会让我们缺少“中心思想”。但“中心思想”却是文章好坏的核心关键，就好比我们在讲话的时候要“言之有物”，是一样的道理。没有观点、没有内涵的文章，别人读起来也不明白你要表达的重点是什么，当然也绝对称不上是一篇好文章，只不过是平淡无味的文字堆砌和组合，传达不出核心意涵。

那么，这个“中心思想”又是怎么来的？这是靠平日大量阅读吸收的常识和知识才能获得的，看多了自然能“见多识广”。世面见得多的人，与人应对交谈很容易得心应手；阅读又多又广的人，在讲话和写作上，同样也容易得心应手。

胡适当年还在乡下念小学的时候，当时教他的是一位老先生，那时仍是清政府统治，所以他从来不知道世界大事，不明白外面的世界有哪些很大的变化。所以胡适在念到了中学时，有一次学校的作文题目出的是：“为什么日本会强大起来？”他这才发现他答不出来，他完全不知道日本为什么突然脱胎换骨般地强盛起来，这就是他的见识不足，所以缺乏对这个问题的“中心思想”。

后来，他的表哥给了他一本书，书中谈到关于日本的“明治维新”，“明治维新”正是日本强大起来的关键，他这才了解原因，才有办法回答这个问题。胡适是属于清末民初的人，当时的中国要问“为什么日本强”，而现在的中国，还是应该要让学生写一篇同样的作文题目，也来问问“为什么日本强”，只不过现代日本的强大，已经不是在军事上，而是在工业和技术上的强大，甚至影响到全世界。不过这还是要追溯到“明治维新”时期，因为当时一下引进很多新知，让其打下很好的基础。过去的根基，对后代的影响力非常强大，我们今天若没有做好打基础的工作，那将来就会后悔。

明德部落：孩子认真地写读后感

再以前述的理工科研究生为例，如果用口述传达自己的研究论文都会有困难，那么在需要更细致说理和推论的论文写作上，可能更有问题。如果他们明明有很好的研究成果，却不晓得怎么用文字适当地表达出来，或是写得让人理解，就等于失去了研究的意义，非常可惜。

所以我才一再强调，大量的阅读就等于是大量的练习，不只是在无形中累积一篇篇文章的理解能力，还训练和培养写作的能力，任何的学习都是从模仿开始的，一再磨炼之后，自然能提升自己，这是必然的。

罗娜部落：孩子们徜徉书海

4. 阅读不够，无法表达自己的想法

从前面一路谈下来，我们可以明白，“阅读”、“表达”和“写作”这三者之间，是彼此交互影响的。表达能力的好坏从我们平日的说话和叙述之中，就可以看得出来。

有时候，我们会在新闻报道中，听到一些公众人物或是记者的讲话和叙述方式很奇怪，也许是词汇使用不妥当，没有切合场地、时间或身份；也有时候，是前后的逻辑表达出现矛盾，或是含糊其辞地带过，没有中心主旨。这就是平常对常识、知识、语汇和逻辑的训练都不足造成的，所以一旦碰上要应用的场合，就会出错或词穷，也可能讲起话来结结巴巴、吞吞吐吐，或前言不搭后语。

当然我们对公众人物和公开的报道，要求会比较高。对一般人而言，起码要有最基本通畅的叙述能力，否则平常与人沟通上都会有问题；一旦有问题，可能就会造成很多不必要的误解和误会。我想大家可能也有类似的经验，这种情况，在一般生活经验中相当常见。

举例来说，有一次我到一家饭馆吃饭，这家饭馆有一道凉拌洋葱，我觉得蛮好吃的。通常来说，凉拌菜必须讲究它的调味酱，所以我就问老板：“请问你用的是哪一种调味酱?”老板回答我说：“和风酱。”我听到和风酱，就直接认定是日式的酱料。

但我仍然很好奇，想知道酱料的品牌，所以又再进一步追问他：“这个和风酱可不可以给我看看呢?”他答复我说：“不行。”“为什么不行?”我再反问。他就说：“因为有两瓶。”他一边说，还一边做了个手势给我看，表示会用到两瓶。我不太明白，就再问：“是不是两瓶都一样呢?”他说：“两瓶是一样的。”

不晓得他是在敷衍我，还是另有商业机密，不想让我知道。但他的话

实在非常矛盾，既然两瓶都一样，那不是用一瓶就好吗？为何还需要用两瓶来调配？我只觉得一头雾水，但碍于他不肯给我看酱料瓶，所以我的疑惑并没有得到解答。

不过第二次再到这家饭馆时，我又向老板提出了同样的疑问，这次他倒很干脆，愿意拿出来给我看了。结果谜底揭晓，这两瓶酱料其实不但完全不一样，而且都和日式酱料无关，因为一瓶产自意大利，另一瓶则产自匈牙利。这让我更不明白，老板所谓的和风酱，究竟跟日本有什么关系？所以老板的话，只是让我越弄越糊涂。

另外再举一个例子来说明。这可能是大家常有的经历，有时向他人问路，常常会听不明白，越听越糊涂。反过来说，当别人询问我们路要怎么走时，我们是否能清楚简单地叙述出来呢？

叙述路该怎么走，牵涉讲话的逻辑条理，要有条不紊地一步步指引清楚。若是前后颠倒、含糊混乱，一定无法使人明白。譬如你对别人指引说："现在你继续往前走，然后下一个路口左转。"这句话大致上没有问题，但若是说："现在你往前走，然后左转。"这句话就出现了问题，在哪里左转呢？100米后？看到巷子转？还是看到红绿灯转？这就是叙述上没有交代清楚。

又譬如说："你继续往前走，看到左手边有一家超市后就转弯。"这句话也有疑问，因为指路人没说明要左转还是右转。不过一般人恐怕都会左转，因为作为转弯指针的那家超市，是位于左侧，这是人的习惯。但指路人因为很熟悉附近的道路和环境等细节，就会忽略了问路人对周边环境的陌生，也忘记应该要一一交代详尽。

如果是我自己教出来的学生，我相信碰上有人问路时，绝对可以交代得很清楚。我有这个信心，是因为平常就有对学生做逻辑训练，以及要求他们能条理清晰地表达，这是最基本的能力。这样的要求，并不是想要训练出一个口才很好、辩才无碍的人，让他能上台演讲或演说。我的要求，只是希望学生能很清楚通顺地说出他想说的话，而不是含糊着急地讲出来，要慢慢地说，一步步说清楚。这样的要求若能持续，长此以往，清晰的条理就能渐渐内化成习惯。

我们写一篇文章，在下笔之后，还有机会回头斟酌一下，再修修改改，等修饰妥善之后，再来发表。但话一旦出口，就收不回来了。话说不清楚的背后，其实是我们基础训练不足。

5. 阅读不够，文章常会主旨不明

虽然文章下笔后可以修改，但我们仍常见到不少“主旨不明”的文章案例，它也许是洋洋洒洒的一大篇，也可能文辞优美，引经据典或旁征博引。但同时，它也可能引据失误，通篇不知所云，或是堆砌辞藻、卖弄学问。问题还是在于前面说的“中心思想”，若主旨不明确，核心观点没有强调出来或写得清楚明白，即使耗费很多篇幅和文字来写，也无法使人了解它要表达的重点是什么。

比方说，有一次我读到一篇文章在谈“严凯泰”，我注意到它，是因为我认为这篇文章应该很有意思，我想知道它究竟谈到严凯泰做了哪些事，才让整个裕隆汽车公司脱胎换骨，和过去完全不同。但看完之后，却大失所望，这篇文章在这方面一个字也没提到，只是东扯西扯一些不重要的小事，也不晓得文章的重点是什么。其实严凯泰采取了哪些措施，可以用很清楚简要的话说明白，但这篇文章就是没有讲清楚，这就是一个主旨不明的例子。

第二个例子，是一本介绍三星电子公司，也就是有关 SAMSUNG 这

东光部落：大孩子带着小孩子读绘本

家韩国公司的书，它的产品在国际市场上，销售得相当不错。那么它的不错，是什么造就的呢？这本书也没讲清楚。我只记得它里面有一个章节，是谈到 SAMSUNG 非常注重人才，但这不过只是个无须多说的观点而已。有哪一家公司会不注重人才呢？只是提到注重人才这一点，没有任何意义。它应该要说明的是，SAMSUNG 如何选择人才和培养人才，这样的过程才是重点。只把一个大家都明白的结论说出来，写了也等于没写，意义不大。

若是由我来写 SAMSUNG 的厉害之处在哪里，我的看法有二：第一是它有野心，第二是它有耐心，这两点也是很值得我们学习的地方。什么是有野心呢？SAMSUNG 有“我要打倒日本”这样的想法，它立志要打倒 SONY，这就是它的野心。SONY 在面对 SAMSUNG 的挑战时，也许不至于这样就被 SAMSUNG 打倒，但不能说没有这样的可能性。但无论如何，它是一家有野心的公司，设下一个要抵达和超越的标杆，也就是 SONY，才能因此不断成长前进。第二点是它的耐心，也就是它愿意花很久的时间，去建立和开发新技术，不断地研发测试，直到达成目标为止。这是它的产品可以在世界上渐渐占有一席之地，并慢慢扩大实力和影响力，成为一个受瞩目企业的一个重要原因。

相对于“主旨不明”的文章，最后，不妨也提一个主旨清楚的例子来作为对比。有一篇谈日产汽车公司的首席执行官（CEO）——卡洛斯·戈恩的文章。会特别介绍这位 CEO，是因为他让濒临倒闭的日产公司起死回生。但他不是日本人，是一位外国人，法国的雷诺公司买下亏损连连的日产公司后，派戈恩到日本担任营运长，担负起拯救这家日产公司的重任。他在短短一年之内，就让日产公司从谷底反弹，自己由此也成为日本企业界的英雄。

戈恩的管理原则非常简单，就是他不准任何人埋怨他人，只能检讨自己。这是个非常重要的观念，一个人如果老是埋怨别人，他将永远不会知道自己的问题出在哪里。假如你写了一本书，但老是卖不掉，你却把原因归咎于“这是读者的水准不够”，那么就不可能检讨自己本身的能力，也不会再精进自己写作上的技巧和方式。况且，如果读者的水准都相同，那么应该思考的是：为什么其他人可以卖掉他的书？很显然，自己的书必定存有某些问题或缺点，但自己却没有发现。与其埋怨别人，还不如把埋怨的时间省下来检讨反省，找出问题所在。

这篇文章一下子点出这位 CEO 能干和成功的关键点，主旨相当明确清晰，这就是写一篇好文章的要件。

我最近收到一封信，对方的来信一开始就怪罪我，说一切错都是我造成的。但信的内容却又没有说出我错在哪里，我就回信问他，想知道我究竟错在哪里？他回信说，他的意思是我的想法是对的，但是这个社会并没有按照我的想法去做。这就是一个极为典型的例子，很多人的文章都令人弄不清楚他想表达些什么，无法传达出真正的重点和主旨，也无法达到沟通的目的。

第三章

语文能力的训练与重要性

很明显，语言的沉沦，不仅跟某几个作家的“杰作”有关，而且与政治和经济绝对脱不了关系。但果也可能成为因，不断加重原有的影响，让事情变得一发不可收拾。

——乔治·欧威尔：《我为何写作》

语文能力，包含了两个方面：一个是语言表述的能力，另一个是写作文章的能力。前面都已经大致提到，这两方面能力的不足，与网络的兴起有很大的关联。网络文章，通常并没有经过筛选就贴在网络上，它有可能完全不合逻辑，或有很明显的前后矛盾；也有可能是错误的信息、小道流言，或是误导人的思想，甚至是引人犯罪的说法。但这样的文章却受到年轻人的喜欢和热捧，大量阅读这类不妥适文章，就产生了严重的问题。

网络文章的影响

网络文章虽然让思想更自由、更为开放和流通，但因为少了筛选的过程，所以呈现在孩子面前的那些随手可读的网络文章，就和过去学校课本里精选的文章有很大的不同。过去要刊登一篇文章，或是印刷一本书籍，在技术上都没有像现在这么方便和容易，也因为资源和篇幅有限，所以最后呈现在读者眼前的，必然是万中选一的精选文章。孩子的学习是从模仿开始的，你给他好的模仿模板，就是给他一个正确的示范，他自然能明白原来什么是条理清晰和言之有物。

但现在的网络文章，水准和程度参差不齐，大部分文章都是没有经过仔细思考就贴上去的内容，这就好像零食一样，小孩子喜爱吃零食是一种

明德部落：阅读角落说故事

很自然的行为，如果父母没有留意，让他吃进太多零食，也不吃正餐，一定会有发育不良、营养不均衡的情况发生。

同样的，如果让孩子在文章的营养摄取上，阅读了很多像零食般的网络文章，甚至以它为正餐，虽然它很受孩子的欢迎，但这些成分不足、水准差异很大或可能有害的文章，在孩子们还不懂得判断好坏的情况下，长期下来，就会有极坏的影响。可是孩子们并不会有直觉，他们还可能觉得这样乱写一通的文章很好玩、很有趣。但这种短暂的好玩和有趣，影响到的却不仅止于个人或眼前可见的情况，也会对国家整体未来的发展产生影响。

在网络文章充斥、大量良莠混杂的文章同时存在的情况下，以其为主流阅读对象，使得大家没有筛选，也不懂得判断文章的好坏。学习语文的对象不对，也让我们的语文素质整体下降、沉沦而不自知。

下面要来谈谈，如何提升我们的“语文能力”。我所提倡的大量阅读，可以训练以下四种语文能力：（1）很快看懂文章，并且抓到文章的重点。（2）正确且清楚地表达自己的想法。（3）写文章合乎逻辑，不自相矛盾。（4）文章内容不落俗套，有独到的见解。接下来，就分别叙述这四种语文能力的重要性。

大量阅读，可训练四种语文能力

1. 很快看懂文章，并且抓到文章的重点

这是语文能力的第一项要点，读书的能力和速度需要靠不断的练习来累积，尤其需要靠大量的阅读来训练。这也是前面所说的，我希望不要鼓励大家精读，尤其不能鼓励大家一个字一个字地读，逐字去念一篇文章恐

怕只会造成反效果。以我的经验，我发现很多孩子的反应很慢，我交代他要做的功课他都没有做，问他为什么？他回答说："因为来不及做。"我详细了解情况后，才明白问题所在，因为他是逐字逐字地在看，这样反而无法抓到整篇文章的意思，无法了解内容的重点，拘泥在一个字一个字的细节和意义上，结果是通篇的架构和主要传达的核心概念都抓不到。

我常提到，外国人和我们在阅读的训练方式上是不一样的，外国人不太讲究一篇一篇地读文章，因为他们大多数的学校老师，喜欢叫大家读整本书。所以老师会指定读一本狄更斯的作品，或读一本莎士比亚的作品，这跟我们很不一样。我们大都是叫学生读这篇或那篇文章，而且读了以后，还要把文章的内容，一句话一句话地问学生，问他们认为作者为何会这样写、这样说。我自己的文章，偶尔也会被老师指定给学生阅读，读完之后也会提出一些问题来问学生，但是对于我这个作者来说，我自己却一题也答不出来。因为我根本不会把这些细节放在心上，也不会记得我当年是怎么写的，更不会想到文章还会被出成题目。

所以太着重细节的训练，反而阻碍了学生对整本书的理解，我们应该先求"通"，再求"精"，先让他们习惯于快速、大量的阅读文章，最好是能读一整本书，其次再去细究那些不懂或有疑问之处。如果一开始就先翻来覆去地只精读几个字句，永远都是在原地打转。大量的阅读，即使一开始有些地方不懂，但可以先跳过去不理会，等到阅读的内容和数量累积多了之后，慢慢就会抓到意思，也就渐渐能够理解以前不理解的地方，阅读经验的累加，才能越来越能读通文章，体会含意，抓到重点。

我这里再讲一个抓不到重点的故事，近年有一部很有名的畅销小说，丹・布朗的《达・芬奇密码》，许多人都曾读过。有一次，在某个场合我想要做个试验，就问大家："有没有人看过《达・芬奇密码》?"其中只有

丰丘部落：孩子沉浸在书海

一位举手，我问这位举手的人："请问一下这本书的重点是什么?"，他回答说："呃……有个人死了，然后找了主角来问，有警察开始调查……"但他越讲越糊涂，到后来简直一团混乱，因为故事太长，内容错综复杂，所以他记不得也说不清。我告诉他："《达·芬奇密码》其实只有一个主要的观点，那就是耶稣结过婚，有后代，而且还有证据可以佐证。"这不就是这部小说的重点吗？他听了直点头："哦，对啊对啊！"

我到处演讲，也常常碰到类似的听众。曾有一位听众提出说："李教授，您讲的这些书我都看过，但是我一本也记不得了"。为什么他会记不得呢？这是因为他没有抓到重点，所以书看完也就忘了，无法记得起来。但我个人的经验是，我读一本书的时候若抓到重点，即使那些细节记不起来，但是大致的内容和轮廓，却仍然存在我的脑海里，这就是抓到重点的好处。所以我们一定要练习大量地读，并切记一边读一边要理出头绪，以抓到书的主旨或核心，这样才是有效的读书方法。

2. 正确且清楚地表达自己的想法

语文能力的第二项要点，就是要避免那些"表述不明"的说话内容。否则，即使你有自己的特殊观点，有很好的创意，或有相当不错的研究成果，不能说出来让别人明白，就没办法发挥或执行，更不可能有任何的成果。

这种表达能力，无法只靠读几篇古文或者几篇文章，就能够获得。虽然也有人提倡要多读文言文，认为这是增进语文能力的一种方法，但这究竟有没有帮助呢？我个人觉得，如果程度和资质不错，那么就该多读读古文，确实能够提高文字和语言能力；但如果程度不够，读这些古文就没有帮助了。我们可以想想看，一个学生如果连"福尔摩斯探案"这样的故事

潭南部落：孩子们聚精会神地听故事

都读不懂，那么即使多读一些文言文，也不会有益处，因为这类文章的难度更高，只会增加他的挫折感，也无法达到提高阅读能力的目的。

还是需要以广泛大量的阅读作为入门的方法，才能先从中找到学生感兴趣的文章或故事，让他有阅读的动力，有了动力，才能继续往下阅读和学习。据说金庸的武侠小说，曾经被海外华侨作为小孩子学习中文的一种入门读物。这也是一种方式，只要能让孩子想读下去，无形中他就会受到影响，了解中文词句和语法的意思，渐渐地学会中文，也知道该如何适当地使用那些词汇和句子，来描述出自己的想法。

语文是一种模仿和借用的过程，我们在看小说的时候，就好像在扮演书里的角色，用这些角色之口去讲一些话。不同角色，会有不同的说法和语气，这样去体会和揣摩，就可以了解不同话语的含义，以及其中微妙的差异。或者，我们在看书的时候，有时会觉得作者写得真好，他简直写到自己的心坎里了，而且那些说法，都是自己从来都没有想过的。经由这样的过程，我们就会了解到，原来可以用各种各样的方式来描写、叙述，或是形容某种情绪和感受了。

这就是阅读的好处。正因为读了许多书，我们才能慢慢学习到，原来有这么多种表达的方式，并体会如何选择适当的表达方式，怎样正确地形容自己的想法，才能切实地传达，不至于让人家误解。

3. 写文章合乎逻辑，不自相矛盾

我举个例子来说明。有一次，我参加一个大学校长的遴选会议，这样的会议一定会有一个遴选办法，若是设立遴选委员会，会有一个遴选委员会的办法。我翻开这个办法来看，里面有一句话："本委员会本着独立自主的精神，全权决定校长遴选的程序"。这句话的意思也就是说：我们委员会的成员有权做出决定，决定什么呢？就是决定该如何遴选校长的整个程序和方法。

可是在这则条款的下面，却又写着："校长的遴选程序如下：第一点是如何如何，第二点又是如何如何……"这样不就"前后明显矛盾"吗？可是这个会议已经开过很多次了，但都没有人注意，只有我一个人提出质疑："这个条款的意思到底是什么呢？我们究竟是有权还是没权决定遴选程序？"大家都回答不出来。因为根据第一句话，委员会的成员有权决定遴选校长的程序，但是根据后面的条文，显然又没有权，因为它都已经很明白地规定要如何选了，不是吗？

这个明显前后矛盾的例子，即使到了大学这样的高等教育机构里，也还是会出现，但大家还不以为意，不觉得这个条文有什么问题，实在是很不好的示范，也显示我们的判断力有问题，早已从孩子延伸到大人身上，却丝毫没有察觉。

有一次，我接受一位先生的访问，他访问的第一个问题是："为什么时下的年轻人都是草莓族？"我当时不懂何为草莓族，就先问他何为草莓族，他指出，所谓草莓族，乃是禁不起压力者也。我又再问他为何会说现在的年轻人都是草莓族？他说："因为时下的年轻人大都不喜欢有压力的工作，只要压力一大，就会换工作。"我反问他："这是否表示，时下的年轻人很容易找到工作？"他说："的确如此，时下的年轻人很容易找到工作。"接着，我继续问他第二个要访问的问题是什么？他说："现在的年轻人不容易找到工作，怎么办？"我告诉他，这两个问题是互相矛盾的，我无法同时回答这两个问题。但那位先生完全不懂我的意思，他认为这两个问题都是大家所关心的，我没有理由不回答这两个问题，但他却丝毫不能了解以上这两个问题之间的矛盾性。

4. 文章内容不落俗套，有独到的见解

语文能力的第四项要点，是文章写起来要有特色，也就是要有独到的见解，而不是人云亦云，这也是培养我们判断能力和思考能力的方法。可是现在一大堆杂志上的文章，几乎都落入同样的泛泛之论，为什么呢？大家有没有注意到，我们的杂志常常会一窝蜂地讲一些同样的事情，某个杂志若谈了什么主题很受欢迎，其他的杂志就会一窝蜂地跟进，但没什么创意和特色。就好像别人都这么说，如果不跟上的话，就会落在潮流之后，又或是跟不上别人的话题。但大家的观点都一样的话，看一篇文章和看很

多篇文章，又有什么不同呢？

举例来说，我记得我们有一阵子一直在讲一个名词，叫做“知识经济”。美国来了一批教授说：“美国的经济已经进入了知识经济的时代。”意思是指知识永远都不会消失、它永远都会存在、永远都不会垮掉。在图书馆里，我们常看到会有这样的标语：“金钱可以失去，王国可以失去，但知识永远不会消失”。也就是说，“知识”这个东西一旦得到，它不会像买股票一样，今天买，明天可能就化为乌有，知识得到了之后，永远都是属于你的，不可能失去。所以“知识经济”就代表了一种永远不会垮台的经济效益。

但这个名词是什么时候出现的呢？它其实是出现在美国经济最景气的时候，也就是在克林顿总统执政的末期。当时有一堆教授说：“美国的股市为何都不会垮下来？这是因为美国跟其他的国家是不一样的，因为我们有‘知识经济’，而且我们是唯一有知识经济的国家。”当时我就强烈地不以为然，理由非常简单，因为我认为经济与知识之间，本来就有一定的关系，没有什么经济是与知识无关的。

大家试着想想看，世界上有没有哪一个国家或地区，它的经济发展得不错，但却是和这个国家或地区的人的知识程度毫无关系的？比方说，我们人类为什么有文明？就是因为经济程度不错之后，才能发展出伟大的文明。如果一个国家非常贫穷，那个地方是不会产生文明的。所有文明发展之地，都跟河流有关，包括两河流域、尼罗河流域，中国的黄河和长江流域等等，因为水是生存要件。但其中还有一个条件，那就是要懂得灌溉。再换个地区来看，在非洲，缺乏大河流域的地区，也没什么灌溉系统时，经济自然也一直不好。所以与其去帮非洲发展网际网络系统，还不如先把灌溉系统做好。发展灌溉系统就是一种知识，完成的话，农业就能发达起

爱国部落：孩子各处一方阅读小天地

来，农业发达，经济就会跟着变好。

因此，所有的经济都跟知识有关，“知识经济”的说法没有什么意义，所以当这个潮流过去，现在就没有人再讲这个名词了。经过大量阅读之后，听到这种没有意义的说法，很自然地就知道它不是什么独到的观点；同样的，要经过大量的阅读，才能吸收到各种各样的观点和想法，也才能根据这些知识来作判断。

过去我们总是说“天下文章一大抄”，过多雷同的文章，对于多元化的发展来说，是没有帮助的，它无法刺激新的想法，无法有创新的概念。而大家之所以抄来抄去，也是因为偷懒而不愿意多花心思，不想多用点功、多去查查一些信息、找找一些资料。但会这么去做的人，在找寻资料的过程中，就是不断地在吸收新知，那么想当然尔，他会有“中心思想”，有主旨、有想法，写起文章来，就不至于索然无味，能有不同于他人的见解。

不拘泥地解读文章：“作者已死”的概念

关于阅读，我还要再稍微谈谈解读文章这件事，我这里谈到的文章，都是文学性的文章，不包含学术性的文章。一般来说，一本小说或一篇文学性文章的作者，他的原始本意或初衷，我们是不会知道的，只有作者本人才真正晓得。我们通常可以从内容去推敲，认为作者如何如何想，但这也只是我们的猜测，所以有时候这个人有这样一种解读，那个人有那样一种解读，多少都会有些出入和不同。有时候，作者在写完文章之后，他自己可能也忘掉了他写作的原始想法，或者过了段时间，他自己回头去看，恐怕也觉得有另一番不同的解读和说法。举例来说，我们都念过“断肠人在天涯”，但我的一位老师说，应该是“断肠，人在天涯”，究竟谁对，只有作者知道，我们恐怕永远不会知道了。

不知大家有没有听过一句话，叫做“作者已死”。这是法国当代文学理论家罗兰·巴特提出来的，他主张：“文本诞生，作者已死！”“作者已死”的英文是“the death of author”，它的意思并不是真的指作者已经死亡，而是说，当作者写出一部作品，在他完成的瞬间，他和作品之间的关系就结束了，因为这个作品，之后都要交由读者来解读，所以他自己对这篇文章的解释已不具影响力。比方说，作者的原意的确是“断肠人在天涯”，可是有位读者解释成“断肠，人在天涯”，作者也无可奈何。

我觉得“作者已死”是很好的观念，我非常同意，因为我个人也有这种经验。在写了一篇文章之后，常有人对我说：“这篇文章写得真好。”我会反问他：“为什么?”对方就会形容他从文章中读到了什么含意，觉得很不错。其实我本来的原意中，根本就没有这层意思，可是我又觉得对方讲得很好，我就会非常赞同他的话。但其实我并没有那么伟大，也没有他说得那么好，只不过，可以让他从我的文章中体会到这么多的含意，我觉得很不错。

当然也有人在解释文章时，解释得并不好，这是因为每个人的生活经历不一样，所以体会和感受也不同；有人说得好，有人说得不好，都没有一定，这没有标准答案。在我的看法里，我认为确实应该交给读者自己去解释，而且在教小孩子的时候，也应该让他们自己去解释一篇文章或一个故事，不需要硬性规定说，某个句子就一定是什么意思，某个故事就一定是在讲些什么，这反而限制住了他们，让他们本来拥有的想象力都给压了下去。大人都不一定有同样的解释，又何必要跟小孩说只有一个标准答案或说法呢?

丰丘部落：课辅妈妈陪着孩子读报

当然，有一些基本的词汇或成语是有确定意义的，譬如我们的官员错用了“罄竹难书”这个成语的意思，明明错了还硬加解释，不但贻笑大方，还成了很不好的示范。

文章的含意，最好还是交由读者自己去研究、去感觉。这就是文学的特性和好处，不需要像数学、物理那样一板一眼的，绝对不能乱用乱解，因为科学原理有其一定的规则和方法。可是文学不同，这就是它值得玩味之处，可以让大家自由发挥，随个人去解释到底文章是什么意思。

所以我个人认为，文章的精彩与否，有时候应该以整体的情况来论断，要看整篇文章或整本书，而不是只单看一两个精彩的句子。当然，这不是指文学无法作为研究对象，不能去研究作者写的字句和内容，研究文学和阅读文学是两回事。然而我们的文学课，常常过于咬文嚼字地专注在每一个字句上，都偏向于研究文学，已经和阅读无关了，这会让孩子失去对文学的兴趣。

我曾听到一位老师读到一段话“侦探进了房间，就坐在靠窗的椅子上”，然后这位老师就问学生，这句话有何含意，学生们目瞪口呆，谁也不知道这句话有什么了不起的意思，最后，有一位同学打破僵局，说他知道，老师请他讲，他就说，“这表示房间里靠窗的地方有一把椅子”，如此推敲一句话的意思，有时的确过分。我们如果太注重每句话的含意，反而可能使我们忽略了对整篇文章的了解。

把文章推敲得这么仔细，只是把时间耗费在细节之上。事实上文章的含意要从前后文的脉络来看，甚至要看整体，才能明白它的真正意思或想要表达的内容。况且，这样去讨论细节，也不见得就能真正了解作者的原意，而且理解作者的原意也不一定是必要的，我们每个人本来就会有不同的体会。因此，这样过度推敲和解读细节，实在没有必要。

有时候就因为学校的教学方式过于仔细，把学生的专注点都放错了位置，而使得我们的学生不愿大量地阅读，只想追求标准答案，也扼杀了各种不同观点和想象力的发掘。

第四章

我们应该选择哪些读物

生活中最重要、最有用的事情，就是得凭借读写能力才能完成——选票、信件、遗嘱、法条以及种种使生活上轨道的事情。

——狄奥多罗斯（Diodotus Siculus）

大量地阅读既然非常重要，就不免要再谈一谈，我们应该选择什么样的书来读？毕竟现在是信息爆炸的时代，有大量的书籍和文章，而且来源和种类都非常地多元，在可供选择的读物太多的情况下，家长和老师或许都会有无所适从的感觉，不知道该怎么下手挑选，也不知道要选择什么类型的读物对孩子来说会比较有帮助。

当然，我们现代人的生活，基本上脱离不了文字阅读，但平日的生活里，大部分都是属于功能性的阅读，如基本的路标、道路名称、公车站牌、广告标语、家电用品的功能说明书等，这些确实都需要具备最基本的阅读能力，以使我们的生活顺畅。

我们常以为，在功能性的阅读之外，去读那些跟生活无关的文学和小说，也就是文化性读物的阅读，对生活并没有帮助，其实并不是这样的。小说里有很多思想对话的乐趣，但又不是直接的道德说教，而是用生动有趣的情节，来铺陈一个深刻的思考空间。

有时候，小说里细腻的情感描写，可以培养我们对他人的同理心，因为透过这样的文字描述，我们会发现其他人和我们所想的角度是不一样的。我们也不会有别人的生活经历，因为每个人生活环境不同，体验和体会就会不同，所以对他人的同理心以及感同身受的能力，就可以通过这样的方式来理解。因此并不能说，读小说对生活并没有帮助。另外像侦探小说，还可以培养逻辑思维能力，科幻小说可以让我们有想象力，诗集则可以培养我们对美的感受力。当然，文学作品又比较讲究遣词造句，对现在普遍欠缺文字能力的孩子来说，也提供了很好的参照和学习的机会。

就我个人的看法，以下六种类型的读物，对我们的孩子在阅读能力的培养上，必然会有很大的帮助，它们分别是：一是经典名著；二是优质的论述文章；三是法官判决文和侦探小说；四是知识性的文章；五是国际新闻；六是一般性的教科书文章。

经典名著

任何书籍或文章，已成为永垂不朽者，一定有其道理，完全没有深度的书是很难成为经典名著的。我在此奉劝读者应该好好地读有分量的书，读了这样的经典名著，绝对会有收获与助益。中国的经典作品，如“四书五经”，当然是属于此类，另外也包括像《三国演义》、《水浒传》、《西游记》或《红楼梦》这样的章回小说，优美的文笔与充满想象力的故事，其中更隐含许多深刻而具启发性的道理。还有像鲁迅曾把《老残游记》、《官场现形记》、《二十年目睹之怪现状》和《孽海花》，称作“晚清四大谴责小说”，这些书籍都是时代现象的反映，也是我们现代社会的最好借镜。所以光是古典文学作品，可以条列出的书目就非常之多，能流传到现在而不被时代淘汰，必然有某种程度的人心、人性描绘和深度刻画，才能在不同的时代，引发各种人的共鸣。

外国的知名小说，也应该要读一读。除了感受不同文化的描述模式和文学之美外，也是我们理解其他民族的历史和文化最好的方式。其他国家的人的思考和叙述方式，绝对与中国不同，这牵涉文化背景的差异。例如拉丁美洲的魔幻文学，故事的描述常不合乎现实常理，其代表人物就是加西亚·马尔克斯，他的《百年孤独》为最具代表性的作品。俄国文学在19世纪时，是以现实主义的成就为最高，像托尔斯泰的《安娜·卡列尼娜》和《战争与和平》，或是陀思妥耶夫斯基的《罪与罚》和《地下室手记》，都是最具代表性的作品。日本的经典文学，则有女性作家紫式部的《源氏物语》以及清少纳言的《枕草子》，女性作家在经典文学上能占有一席之地，这现象也很值得我们去了解探讨。

《百年孤独》的不同版本书影，马尔克斯著，西班牙原版

《安娜·卡列尼娜》书影，托尔斯泰著

读这些经典文学的实际帮助是什么呢？虽然我们提到了培养想象力或逻辑思维能力等这方面的好处，但对一般人来说，仍觉得很空泛。不如举个更真实一点的例子来说明：英国政府安排在监狱服刑的人读英国的著名经典小说，结果很多犯人出狱之后，努力地进入大学，继续攻读英国文学，这就是阅读可以改变和影响人的观念之最佳例子。根据英国统计，最受服刑人欢迎的小说是《苍蝇王》，这本书讲的是飞机失事而流落荒岛的一群孩子，为了生存而造成人性沉沦，对服刑人而言，也许这样的内容会

特别容易引发感触。而这种深层的体会和感动，就不是拿量化或实际的效益数字可以说明的。

另外，若是大家有机会去马来西亚的学校参观，就会发现马来西亚的中学生，在早上七点半到学校之后，一定要念“四书五经”。现在还有新加坡或其他国家也在跟进，因为现在中国和平崛起，懂得中国的语言和文化，就有经济上的商机，全世界都无法漠视与中国合作的潜力，以及这片广大的消费市场。

当别的国家正在努力地了解中国文化时，我们也同样应该去了解其他国家，应该广泛地去阅读世界性的经典文学著作，如英国、美国、俄罗斯、中南美洲、印度、韩国、日本等国家或地区的经典，都应该要多方地看一看、读一读，才不至于以管窥天，无视世界之大。

陀思妥耶夫斯基（1821—1881），俄国文豪。作品常描绘社会底层的人物

托尔斯泰（1828—1910），俄国文豪。作品真实地反映了俄国社会的生活

鲁迅（1881—1936），作品对五四运动后的中国文学产生了深刻影响

优质的论述文章

什么样的文章才称得上是一篇好的、不错的论述文章呢？在回答这个问题之前，首先我们要知道，什么是“论述文章”？

“论述文”就是非“抒情文”。抒情文是一种写情写景的文章，例如描写我今天一早出门，看到天空的云彩，感受到心情的愉悦或是忧伤，如此这般的描述就是属于抒情文。另外有一种文章则是在讲述一种道理，并不是描述景色或感触的文章，这才是“论述文”。比方说，报纸的社论和读者投书，都是属于论述文章的一种，这类文章通常都是以某种道理或观点为中心，通过论述来说服他人。既然是要说服人，那么这个道理就要讲得明白，要有条理、有证据、有模拟、有数据资料等，才能让人欣然同意。

但我不是说一篇好的论述文章就一定要有真理存在，只是说，这样的文章一定要条理清晰，要有明确的中心思想，绝不能天马行空而毫无依据，更不是老生常谈的世俗寻常之言。而且这些文章常常含有知识性的内容，比方说，也许有一篇社论谈到了国家的预算编列问题，看到这篇社论后，孩子们从此会知道，原来国家是有预算制度的，需要经过这样一种行政程序，来作为各种国家政策、公共福利或建设等的支出预估。

我举一个实际的例子来说明。有一次我在《泰晤士报》上看到一篇报道，内容谈到当时声势如日中天的伊朗国王巴列维二世。有一次，巴列维在伊朗举办了一场盛大的宴会，这个宴会的排场非常讲究，装饰奢华，花费不菲，酒全部都是从法国巴黎运来的，而且伊朗国王也当众喝酒。在这样的叙述中，大家是否有发现哪里不对吗？

问题就出现在“伊朗国王当众喝酒”这件事上。按照常理来说，伊朗是一个信仰伊斯兰教的国家，而伊斯兰教是禁酒的，所以国王作为表率，自然不可以喝酒，更何况他是公然、公开地喝酒，可以说完全不把伊斯兰教的教义放在心上。所以这篇文章就提出了这样的观点：“这个人难道不知道自己是伊斯兰教国家的国王吗？我看他过不了多久，一定会被推翻。”果不其然，不久之后，他就被属于少数的什叶派领袖何梅尼赶下了台。不过何梅尼本身也是一个极端分子，他是主张绝对禁酒的人。

我之所以觉得这是一篇非常好的论述文章，就是因为这篇文章的作者看到了别人看不到的地方，当全世界的人都没看出这一点时，这位作者却一下子击中要害，也果然预言成真。所以我还是要强调，好的论述文章确实值得一看，更值得我们学习，看多了这样的文章，自然也会有潜移默化之效，日积月累，可渐渐锻炼我们思考判断能力和逻辑推理能力。

当然，选择这些文章时，还必须避免有过度偏颇政治立场和色彩的文章。最好能兼顾多方的观点，才不至于判断失衡，这也是新闻报道所注重的“平衡报道”。

法官判决文和侦探小说

也许有人不明白，为什么要把这两种不同类型的文章放在一起谈，因为法官的判决文是实际发生在法庭上的案例，根据真实情况和证据而写下的判例，非常写实而严肃，甚至有人认为这是一板一眼的文章，很不容易阅读。但侦探小说就完全相反，因为这是作家天马行空所想象出来的故事，虚构的故事自然可以省略真实世界中过多重复烦琐的程序，以及与故事无关的细节，但又可以增添很多戏剧性的情节起伏、个人心理的描述，以及一般人所不知道的办案过程，读起来就有趣多了，让人不知不觉地融入其中。

虽然这两类文章有很大的差异，一个写实，一个虚构，但其实它们有一个共同的特点，那就是讲究逻辑。在法官的判决文中，很少会有前后矛盾或逻辑不通的地方，好的侦探小说更是必须如此，一个逻辑结构合理而又出乎意料的推理故事，绝对会让人惊奇不已，在跟随作者写的剧中人物一同推论思索的同时，也提高了我们的逻辑能力。英国的《泰晤士报》，有一个专门的“法律版”（The Law），常常刊登法官的判决文，这恐怕是世界上绝无仅有的，英国人重视法律的程度，从这个版面就可以充分地体现出来。重要案件的判决文，《泰晤士报》会全文照登。对原告或被告来说，有罪无罪的认定都事关重大，所以法官的判决必须有根有据，是从哪些证据或证言来认定事实情况，又是根据哪些法条来做出结论，都需要很有条理地把推论过程和论述理由表达出来，才能符合公平正义的原则，也才能让人信服。欧美国家向来都很注重法官的判决文，才会在报纸上有专门的版面刊登，甚至大学生也一定要会读法官的判决文，以最真实的案例来训练自己的思考能力和判断能力。

只可惜我们却不太重视阅读判决文这件事，我曾经看过一些大法官的判决文，的确精彩无比，其思路不但清晰，而且任何可能的疑问或不合理之处，都会在判决文中提到，令人心服口服。

虽然法官判决文确实非常讲究逻辑，很值得我们参考阅读，但毕竟内容须讲究实证，也要符合法律条文，所以读起来难免让人觉得枯燥。而侦探小说可以弥补这方面的缺陷，它非但讲究逻辑，而且还富有创意，相当有趣易读。因此，我会将这类文章放在一起谈。

No. 56,228 LATE LONDON EDITION

THE TIMES

LONDON MONDAY JANUARY 25 1965 PRICE SIXPENCE

SIR WINSTON CHURCHILL DIES

Highlights of his Career

Born : November 30, 1874
Entered Harrow : 1888
Commissioned in the 4th Hussars : 1895
Escaped from the Boers : 1899
Entered Parliament : 1900
Under-Secretary of State for the Colonies : 1905
President of the Board of Trade : 1908
Home Secretary : 1910
First Lord of the Admiralty : 1911
Chancellor of the Duchy of Lancaster : 1915
Rejoined the Army in France : 1915
Minister of Munitions : 1917
Secretary of State for War and Air : 1919
Secretary for the Colonies : 1921-22
Chancellor of the Exchequer : 1924-29
First Lord of the Admiralty : 1939
Prime Minister and Minister of Defence : 1940
Leader of the Opposition : 1945
Prime Minister : 1951
Retirement from Office : 1955
Retired from Parliament : 1964

THE GREATEST ENGLISHMAN OF HIS TIME

WORLD LEADER IN WAR AND PEACE

Sir Winston Churchill, whose death in London yesterday is reported on the centre page, led Great Britain from the peril of subjugation by the Nazi tyranny to victory; and during the last four years of his active political life he directed his country's efforts to maintain peace with honour, to resist another tyranny, and to avert a war more terrible than the last. In character, intellect, and talent he had the attributes of greatness.

An indifferent schoolboy, he was indifferent at nothing else which he attempted. Inheriting Lord Randolph Churchill's energy and political fearlessness, and being granted twice as many years, he carried to fulfilment a genius that in his father showed only brilliant promise. Leader of men and multitudes, strategist, statesman of high authority in the councils of nations, orator with a command of language that matched the grandeur of his themes, able parliamentary tactician, master of historical narrative, his renown is assured so long as the story of these lands is told.

The great war leader of his age, he lived through the fastest transformation of warfare the world has ever known, charging with the 21st Lancers at Omdurman in his youth, and in his old age arming his country with the hydrogen bomb.

Change of Party

Sense of History

Soldier and Journalist

Prisoner of the Boers

Tariff Reform

Bitter Attack

Preparing for War

At Hyde Park Gate on his ninetieth birthday.

《泰晤士报》（*The Times*）1965 年 1 月 25 日报道英国首相丘吉尔逝世的消息

不知大家是否有读侦探小说的习惯？一个国家的国民如果都爱看侦探小说，其逻辑思维能力可能会比较好。要凭着想象力写出一部生动有趣的侦探小说，既要思维缜密又要天衣无缝，需要相当深厚的功力；它还必须通过广大读者的挑剔和挑战。像我们自己在读的时候，也会不自觉地去想，这情节合不合理？会不会牵强附会？有没有前后不一的矛盾之处？这些鸡蛋里挑骨头的过程，就是锻炼我们脑力的方式。

同样的，法官判决文更加真实，一则社会案件的发生，在如今大众传媒发达的年代，每个人都多少有所了解，而法官的判定是不是能符合事实和证据，是否有令人信服的推论？在大众的观感和检测下，彼此监督、讨论、修正与进步，社会整体的经验、智能和正义的水平，也能一并与时俱进。

知识性的文章

西方到 17 世纪末时，由于印刷术的方便和普及，信息量开始大增，所以读者不再只精读《圣经》或《祈导书》这少数几本宗教性书籍，而是开始大量地略读博览，这是社会发生深刻改变和进步的时候，也是现代教育制度开始奠定基础的时候，人类的知识开始大量地累积、储存、传播、运用。而缺乏阅读和应用这些知识的社会，也将会丧失许多助力，在世界的竞争之中落后于他国，因此阅读有知识性内容的文章和书籍，是不可忽略的一环。

有趣味内容的知识性文章，对于孩子们来说，不但可以增长知识和见闻，也有助于提升写作和想象的能力。我建议大家去看看《人间福报》的一些有趣报道，这些报道大多是有关科学方面的文章，一概是短篇的内容，非常适合孩子们看，里面有好多奇奇怪怪的小故事，都相当有趣。

这里不免要再提一下，精英分子的孩子，语文水平不差，是因为他们有机会广泛地阅读这类的文章与书籍。但弱势群体的孩子，却通常没有机会看课外书，因为缺少常识或知识，很多基本观念也不足，如何可以写出好的作文来？如果可以让弱势群体的孩子得到更多的阅读机会，让他们喜爱看书，绝对是最好的帮助。

举个例子来说，我们曾听过一些海豚搁浅在海岸边的报道，这些海豚的行为就好像自杀一样。让它们无法游回大海的原因是什么呢？经过专家研究之后，发现造成海豚迷失方向搁浅的原因很多，像是渔网、防护网这些障碍物，导致它们被缠绕或身陷迷宫；也有整个环境条件恶化的因素在内，如被污染的水源导致它们摄食困难而游近岸边，或是食物的数量和品质下降，产生营养不良、免疫力下降、患病（如听觉障碍）、感染病菌和寄生虫等；还有恶劣的海况，如暴雨、大浪等，都可能是造成它们搁浅死亡的原因。我曾看过弱势群体的孩子在知道这些知识性的内容之后，很高兴地说给别人听，这是增添他们自信和成就感的一种方式。

另外，我个人也特别爱看《纽约时报》，除了它的专栏和社论都非常精彩之外，也有一些很有趣的报道。曾有一篇“福尔摩斯”的相关新闻，内容就相当匪夷所思。创造福尔摩斯这位大侦探的作者是柯南·道尔先生，他死后留下了大批书信以及一篇从未发表的侦探小说。拥有这些书信的单位，决定拍卖这些珍贵的文件，但福尔摩斯协会的会长非常反对，因为一旦拍卖后，书信就会分散到各地，将来很难再做柯南·道尔的相关研究。没想到在拍卖前夕，他被发现死于家中，而且是被一根鞋带勒死的，看上去像是自杀，因为没有任何他杀的迹象。但只用一根鞋带自杀又几乎是不可能的事，因此法医宣布他无法作出结论。这件悬案，恐怕要等福尔摩斯这样的神探出现才能破案。天下事无奇不有，实在令人惊叹，这也是我爱看《纽约时报》的原因。

"All the News That's Fit to Print"

The New York Times

Late Edition
New York: **Today**, sunny, a few afternoon clouds. High 77. **Tonight**, slightly more humid. Low 65. **Tomorrow**, sun then clouds. High 81. **Yesterday**, high 81, low 63. Weather map, Page C19.

VOL. CL . . No. 51,874　NEW YORK, WEDNESDAY, SEPTEMBER 12, 2001　75 CENTS

U.S. ATTACKED

HIJACKED JETS DESTROY TWIN TOWERS AND HIT PENTAGON IN DAY OF TERROR

A CREEPING HORROR

Buildings Burn and Fall as Onlookers Search for Elusive Safety

By N. R. KLEINFIELD

It kept getting worse.

The horror arrived in episodic bursts of chilling disbelief, signified first by trembling floors, sharp eruptions, cracked windows. There was the actual unfathomable realization of a gaping, flaming hole in first one of the tall towers, and then the same thing all over again in its twin. There was the merciless sight of bodies helplessly tumbling out, some of them in flames.

Finally, the mighty towers themselves were reduced to nothing. Dense plumes of smoke raced through the downtown avenues, coursing between the buildings, shaped like tornadoes on their sides.

Every sound was cause for alarm. A plane appeared overhead. Was another one coming? No, it was a fighter jet. But was it friend or enemy? People scrambled for their lives, but they didn't know where to go. Should they go north, south, east, west? Stay outside, go indoors? People hid beneath cars and each other. Some contemplated jumping into the river.

For those trying to flee the very epicenter of the collapsing World Trade Center towers, the most horrid thought of all finally dawned on them: nowhere was safe.

For several panic-stricken hours yesterday morning, people in Lower Manhattan witnessed the inexpressible, the incomprehensible, the unthinkable. "I don't know what the gates of hell look like, but it's got to be like this," said John Maloney, a security director for an Internet firm in the trade center. "I'm a combat veteran, Vietnam, and I never saw anything like this."

The first warnings were small ones. Blocks away, Jim Farmer, a film composer, was having breakfast at a small restaurant on West Broadway. He heard the sound of a jet. An odd sound — too loud, it seemed, to be

Continued on Page A7

A Somber Bush Says Terrorism Cannot Prevail

By ELISABETH BUMILLER with DAVID E. SANGER

WASHINGTON, Sept. 11 — President Bush vowed tonight to retaliate against those responsible for today's attacks on New York and Washington, declaring that he would "make no distinction between the terrorists who committed these acts and those who harbor them."

"These acts of mass murder were intended to frighten our nation into chaos and retreat, but they have failed," the president said in his first speech to the nation from the Oval Office. "Our country is strong. Terrorist acts can shake the foundation of our biggest buildings, but they cannot touch the foundation of America."

His speech came after a day of trauma that seems destined to define his presidency. Seeking to at once calm the nation and declare his determination to exact retribution, he told a country numbed by repeated scenes of carnage that "these acts shattered steel, but they cannot dent the steel of American resolve."

Mr. Bush spoke only hours after returning from a zigzag course across the country, as his Secret Service and military security teams moved him from Florida, where he woke up this morning expecting to press for his education bill, to command posts in Louisiana and Nebraska before it was determined the attacks had probably ended and he could safely return to the capital.

It was a sign of the catastrophic

Continued on Page A4

AMERICAN TARGETS A ball of fire exploded outward after the second of two jetliners slammed into the World Trade Center; less than two hours later, both of the 110-story towers were gone. Hijackers crashed a third airliner into the Pentagon, setting off a huge explosion and fire.

President Vows to Exact Punishment for 'Evil'

By SERGE SCHMEMANN

Hijackers rammed jetliners into each of New York's World Trade Center towers yesterday, toppling both in a hellish storm of ash, glass, smoke and leaping victims, while a third jetliner crashed into the Pentagon in Virginia. There was no official count, but President Bush said thousands had perished, and in the immediate aftermath the calamity was already being ranked the worst and most audacious terror attack in American history.

The attacks seemed carefully coordinated. The hijacked planes were all en route to California, and therefore gorged with fuel, and their departures were spaced within an hour and 40 minutes. The first, American Airlines Flight 11, a Boeing 767 out of Boston for Los Angeles, crashed into the north tower at 8:48 a.m. Eighteen minutes later, United Airlines Flight 175, also headed from Boston to Los Angeles, plowed into the south tower.

Then an American Airlines Boeing 757, Flight 77, left Washington's Dulles International Airport bound for Los Angeles, but instead hit the western part of the Pentagon, the military headquarters where 24,000 people work, at 9:40 a.m. Finally, United Airlines Flight 93, a Boeing 757 flying from Newark to San Francisco, crashed near Pittsburgh, raising the possibility that its hijackers had failed in whatever their mission was.

SECOND PLANE United Airlines Flight 175 nearing the trade center's south tower.

There were indications that the hijackers on at least two of the planes were armed with knives. Attorney General John Ashcroft told reporters in the evening that the suspects on Flight 11 were armed that way. And Barbara Olson, a television commentator who was traveling on American Flight 77, managed to reach her husband, Solicitor General Theodore Olson, by cell phone and to tell him that the hijackers were armed with knives and a box cutter.

In all, 266 people perished in the four planes and several score more were known dead elsewhere. Numerous firefighters, police officers and other rescue workers who responded to the initial disaster in Lower Manhattan were killed or injured when the buildings collapsed. Hundreds were treated for cuts, broken bones, burns and smoke inhalation.

But the real carnage was concealed for now by the twisted, smoking, ash-choked carcasses of the twin towers, in which thousands of people used to work on a weekday. The collapse of the towers caused another World Trade Center building to fall 7 hours later, and several

Continued on Page A14

Awaiting the Aftershocks

Washington and Nation Plunge Into Fight With Enemy Hard to Identify and Punish

By R. W. APPLE Jr.

News Analysis

WASHINGTON, Sept. 11 — Today's devastating and astonishingly well-coordinated attacks on the World Trade Center towers in New York and on the Pentagon outside of Washington plunged the nation into a warlike struggle against an enemy that will be hard to identify with certainty and hard to punish with precision.

The whole nation — to a degree the whole world — shook as hijacked airliners plunged into buildings that symbolize the financial and military might of the United States. The sense of security and self-confidence that Americans take as their birthright suffered a grievous blow, from which recovery will be slow. The aftershocks will be nearly as bad, as hundreds and possibly thousands of people discover that friends or relatives died awful, fiery deaths.

Scenes of chaos and destruction evocative of the nightmare world of Hieronymus Bosch, with smoke and debris blotting out the sun, were carried by television into homes and workplaces across the nation. Echoing Franklin D. Roosevelt's description of the attack on Pearl Harbor as an event "which will live in infamy," Gov. George E. Pataki of New York, a Republican, spoke of "an incredible outrage" and Senator Charles E. Schumer of New York, a Democrat, spoke of "a dastardly attack."

But mere words were inadequate vessels to contain the sense of shock and horror that people felt.

As Washington struggled to regain a sense of equilibrium, with warplanes and heavily armed helicopters crossing overhead, past and present national security officials earnestly debated the possibility of a Congressional declaration of war — but against precisely whom, and in what exact circumstances? Warships were maneuvering to protect New York and Washington. The North American Air Defense Command, which had seemed to many a relic of the cold war, adopted a po-

Continued on Page A24

MORE ON THE ATTACKS

《纽约时报》（*The New York Times*）头版报道“9·11”事件

知识获取之后，永远都是我们自己的，它不像外在的物质和财富，会有失去的可能，知识是别人永远都夺不走的，它才是我们可以拥有的最大财富。

国际新闻

台湾地区的新闻永远都局限在台湾政治，谈蓝绿恶斗、谈选举、社会新闻、政治和企业的八卦与流言等方面，非但不谈政策、谈台湾未来的规划、远景，而且对国际局势和国际新闻更是非常不重视，报道的篇幅和时间都少得可怜。

博幼基金会网站上的国际新闻

像是发生在非洲苏丹达尔富尔的悲剧，这个国际事件在台湾地区又有多少人知道呢？在达尔富尔，因为当地人民不满政府的政策而反对苏丹政府，苏丹政府于是利用与达尔富尔有土地纠纷的阿拉伯游牧民族，武装他们成了火力强大的民兵，让他们开始针对达尔富尔各村落进行屠杀、强暴、摧毁农作物、破坏水井等行动。这个事件从2003年发生以来，至少造成40万人死亡，流离失所的难民约有250万人。知名的电影明星乔治·克鲁尼，为此还特地四处奔走，希望能引起世界的关注。9月17日这一天还被订为“全球达尔富尔日”（Global Day for Darfur），全球各地的人出席活动，呼吁联合国能更强有力地介入达尔富尔地区，使当地人民能早日脱离屠杀与战乱。世界上所有重要国家的外交部长也都为此发表声明，以表达关心达尔富尔地区的人民和形势，可是我们根本没注意到这个“全球达尔富尔日”，我们的报纸也没提，电视节目依旧每天报道一些无聊的事情。

除了发生在达尔富尔的悲剧之外，还有发生在非洲的第二次刚果大战，牵涉了9个非洲国家，有“非洲的世界大战”之称，造成300万人丧生；红色高棉在波尔·布特政权的恐怖统治下，至少有200万人死于饥荒、劳役或迫害；1991年开始的索马里内战，造成200万面临饥荒的难民，以及极度穷困下的海盗问题。这些重要的国际事件和苦难的发生，很值得我们去关心和注意。

所以我非常鼓励大家提高自己的英文水平，多多上网直接阅读一些国际新闻的网页，以了解世界各地发生的大事，拓宽视野，增强国际观。所谓的世界，绝非只有单一的观点。我们将来是否会有视野开阔的人民，就看我们如何教育下一代。我个人非常关心这件事，所以在博幼基金会的网站上，还特别设立了国际新闻的网页，整理出本周的国际新闻，帮助孩子们了解近日的世界重要事件。

一般性的教科书文章

很少人注意到一件事，那就是很多孩子是很害怕教科书的，尤其是自然科学的教科书，看到那些索然无味而又难懂的文章，小孩子可能会排斥，这是自然的事。但孩子是无法回避这类文章的，唯一的办法是要以各种方式强迫学生阅读这类文章。

我们当然应该尽量将教科书的文章写得白话一点，也多一点解释，最重要的是要测试孩子究竟懂了没有，所以总要有一些问题，要孩子解决一下。

相信很少人会强迫学生阅读这类与文学毫无关系的文章，但我们如果仔细想一想，一定会发现我们将来看这类文章的机会要比读文学类文章的机会多得多。初中毕业到了高中，必须不停地读教科书，教科书有很多种，多半都枯燥无味，谁也不会对这类文章有浓厚的兴趣，但是不看又不行，所以我们必须让孩子在小的时候多读这类文章，而且更要帮助他，使他能够看懂这类文章。

根据我的经验，弱势群体的孩子最排斥这类文章，我们必须强迫他们去读，也要帮助他们读通和理解。

我承认我个人的想法属于异类，也许与官方或学校推广的教育政策并不相同，推荐阅读的内容和方向也不一样。因为我自己是属于什么书都看的人，因此把我个人的阅读经验和推荐必读的文章类型介绍给大家，我相信这几种类型的读物，对孩子来说都会有很大的帮助，各位老师和家长不妨作为参考。

第五章

个人最喜爱的四本书

我多次走进《圣经》令人喜乐的田野，摘取经句翠绿的草茎，借着诵读送入口中，靠着默想细细咀嚼，点点滴滴储存在记忆的宝库里……这样一来，就比较感受不到自己悲惨人生的烦恼。

——英国女王伊丽莎白一世

每个人因为成长的背景、环境，还有接触到的人和事物的不同，对于能触发其感受、引起其好奇和兴趣的文章或书籍，一定都不太一样，即使是读同一本书，从中得到的体会和感触，亦随之而异。所以每个人喜好的阅读方向、口味与类型，必定是“萝卜青菜，各有所爱”。我个人也有一些我所偏好的书籍，这里也谈一谈我最喜爱的四本书，并说出我的想法和理由，供大家作为参考。

克里斯蒂《一个都不留》

我最喜爱的第一本书叫做《一个都不留》（*And Then There Were None*），这是推理天后阿嘉莎·克里斯蒂的作品，之前曾被译为《童谣杀人案》，因为故事里的每一桩谋杀，死法都与古老童谣中描述的方式相同。她的推理小说都写得非常精彩，每一本都各具特色，而《一个都不留》也被公认为世界上最伟大的侦探小说之一。

这本书讲的是十位互不相识的人，被某人邀请到岛上去度假，但这里原是一座孤岛，并没有其他人。这十人抵达孤岛之后，因为船开走了，阻断了对外的联系，所以除了这十人之外，没有人能够进来，也没有人能够离开。

凶案开始于他们用餐之后。突然，留声机开始播放出一段话："各位先生女士，请安静！各位被控犯了以下罪状：爱德华·乔治·阿姆斯特朗，你在 1925 年 3 月 14 日的所作所为，造成了路易莎·克里斯的死亡……"这声音一一细数在场每个人的罪状。这十人，每一个都被这个幽灵般的声音宣判了死刑。

这十个人相当忐忑不安，但飙车青年东尼不信邪，声称大家在离开之前，应该把事情弄个水落石出，他认为这件事很惊悚、很刺激，甚至说："我赞成犯罪，为犯罪干杯。"可是当他举杯一口气喝干酒之后，就成了第一位牺牲者，他像是被呛住了，整张脸扭曲变紫，从椅子上跌落，断气而亡。

接下来，其余的人一个接一个，以不同的方式死亡，他们虽然意识到凶手就在他们中间，并采取了各种防范措施，但凶手似乎看穿了他们，到最后一个也没留下，全部都死了，那么凶手到底是谁？警方接手这起奇怪的案件，十人的死因很快就确定了，但却完全无法查明这十人究竟是被谁所杀。

这就是这部小说的精彩和悬疑之处，如果岛上的人一个也没留下来，都被凶手杀死了，而且岛上不可能藏有其他人，那么，凶手到哪里去了？难道凶手也把自己杀死了吗？

就因为这部小说相当难写，必须在逻辑上写得合情合理、让读者心服口服，所以难怪会被认为是世界上最难写的侦探小说，同时也可以说是最伟大的一部推理作品。况且在这部作品中，并没有一般侦探小说中一定会有的神探，所以也打破了侦探小说的写作成规，相当具有独创性。

再举另一本她的作品——悬疑剧《捕鼠器》（*The Mousetrap*），从 1954 年被搬上舞台以来，至今仍在英国伦敦的圣马汀剧院（Saint Martins

Theater）上演，除了圣诞夜、圣诞节，还有元旦不演之外，几乎每天上演，几十年来从未中断过，堪称最长寿的舞台剧。演出结束谢幕时，主角也都会站出来说：“谢谢各位光临！请各位回去后不要把故事讲出来。”因为最后到底谁是凶手？答案非常耐人寻味，说破就没有意思了，因此演员会要求观众不要把它说出来，让之后的观众也能享受这部戏的解谜过程。

所以要看克里斯蒂的小说，必须要很仔细地阅读里面的字字句句，故事中的人物不经意的一句话，可能就是解谜的关键。譬如说，“我的太太得到了大笔遗产或钱财，因为她是家族里面唯一的继承人”。这句话单独听来相当合理，只是不久之后，这个太太却无意中向侦探提到：“我喜欢住在这个地方，因为我的妹妹曾经也坐在这位置”。这前后矛盾的对话，可能分散在书中前后不同的地方，甚至相隔很远，所以一般读者在看的时候，因为是在很轻松的状态下，可能并未察觉，况且书里也不会特别强调这些关键词句，所以阅读时若不能像办案的警探一般仔细，只是糊里糊涂地阅读，就读不出这其中的兴味了。

我也相当喜欢她的《白马酒店》（*The Pale Horse*），“白马”有死亡的意蕴，对西方人来说，死神会骑在苍白的马上四处奔跑，所以白马也就代表了死神。书中讲的是几位声称自己是女巫的人——只不过是假装有通灵能力来骗钱——在装神弄鬼之下，却没想到作法念咒还真的把人给害死了，令人好奇的故事也就由此展开。

克里斯蒂相当推崇另一位推理作家约翰·迪克森·卡尔（John Dickson Carr），因为卡尔最知名的作品《三口棺材》（*The Three Coffins*），被称为是最经典的“密室杀人”作品，也就是指除了死者之外，一个无人可以进出的密室所发生的凶杀案件。所以在克里斯蒂的小说里，就一再地提及这位卡尔，他的作品也非常值得一看。

《白马酒店》原版书影，阿嘉莎·克里斯蒂著

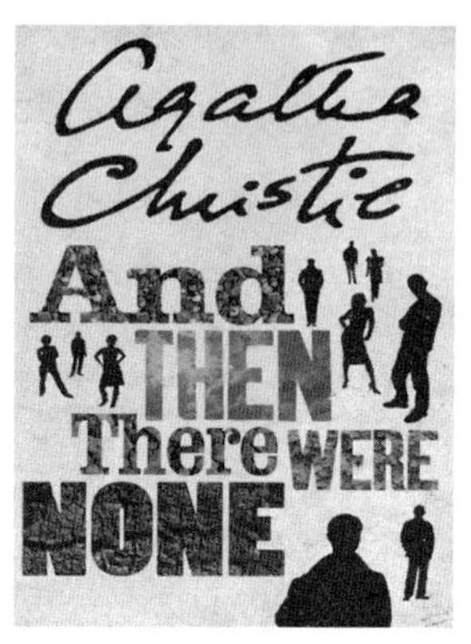

《一个都不留》原版书影，阿嘉莎·克里斯蒂著

《三口棺材》原版书影，约翰·迪克森·卡尔著

克里斯蒂的书，总计卖掉了约45亿本，这是相当厉害的，也可见她的受欢迎程度。她有一子一女，继承的版税可想而知非常可观。当然她的众多作品，每一本都各具特色，最后的解答往往出乎人们的意料，而且这样的创意实在是可一不可再，非常值得一读再读地玩味与推敲。

高汀《苍蝇王》

接下来要谈第二本我喜爱的书，是高汀的《苍蝇王》(*Lord of the Flies*)。高汀是1983年的诺贝尔文学奖得主，这是他最负盛名的小说。本书讲的是一群唱诗班的孩子，年纪在6～12岁之间，因为逃避战争而搭飞机疏散，却没想到中途飞机失事，坠落在太平洋中，大人们都死了，孩子们则流落到一个荒岛上。

《苍蝇王》原版书影，高汀著

一开始，为了求生存、找食物和水，以及抵抗野兽，他们会互相扶持而团结起来，还选出了领袖、搭设简陋的茅草屋，并设法用其中一个小孩子的眼镜生起狼烟，希望能被路过的船只发现来救他们。

但没想到不久之后，他们彼此之间因为意见相左，开始变得互相猜忌。因为有一次派人去猎山猪，带走了看守狼烟的孩子，狼烟在没人看顾的情况下熄灭，正好这个时候有一艘船经过，大家丧失了一次被拯救的机会，于是内讧发生，小孩子们开始分成了两派。

那一群跑去猎山猪的孩子，开始脱离原本的团体，变得像野蛮人一样，抢夺眼镜来生火，又把山猪头割下作为祭祀品，在脸上涂上泥巴，跳舞狂欢。在这个彼此争夺和对抗的过程中，意外造成了一个小孩子的死亡，后来又一发不可收拾，这群野蛮的孩子开始追杀原本的领袖，年纪小的孩子跟着大孩子叫嚣，还放火造成了小岛上的森林大火。具有讽刺意味的是，最后因为这场大火，才引来了救他们的船只，但是孩子们彼此残杀的悲剧，却已经发生而无可挽回。

本书主题讲的就是人性的缺陷与沉沦，可悲可叹。在一个化外之地，人类可以为了生存而表现出贪婪、夺取、争权、操控的一面，就连这些原本单纯的唱诗班的孩子也会如此，人类的悲哀可想而知。原本在文明世界教导的规则与善意的互助，却演变成堕入野蛮与罪恶，所以这本书是一本剖析人性的经典之作。

一个好好的团体为什么那么容易就变坏了呢？这不只出现在与文明隔绝的孤岛之上，只要是良知丧失与道德腐坏，我们即使在现实社会里，也会眼睁睁地看到很多原本极有理想的团体，到头来却败坏沦落了。政党和派系，都是为了彼此的利益在互相争斗，很典型地反映了这部小说的内容，我们岂非每天都在上演《苍蝇王》的悲剧吗？这其实就是人类世界的真实写照。

所以无论我们的社会、制度和法律有多么的理性和完备，但只要是人性存在着自私和沉沦的因子，对是非对错不以为意，还会为了争夺权力和利益而堕落谷底，以至于一发不可收拾，岂可不慎乎？切记，那些台面上领袖人物所说的话，一定要谨慎以对，万万不可在没有思考的情况下就随之起舞。否则就会像小说里那些年纪小的孩子一样，跟着大孩子张狂放肆。这不是用“无知”二字，或是把错误推给他人，就可以交代过去的。从这本书里，我们可以知道，必须要为自己的行为和良心负责。

梅维尔《白鲸记》

我最喜欢的第三本书，叫做《白鲸记》（*Moby-Dick*），这是一位美国作家梅维尔写的小说，谈论的是人类意志与自然律的关系。如果说，英国人一直在推崇《苍蝇王》这本书，那么美国人就不断地推崇梅维尔的《白鲸记》。

《白鲸记》原版书影，梅维尔著

《白鲸记》讲的是一位捕鲸船的船长，因为他年轻出海时，被一条巨大的白鲸咬掉了一条腿，为了复仇，他航遍世界各大洋，只为寻找这条叫做莫比·迪克（Moby Dick）的巨鲸。而且他一口咬定这只巨鲸是恶魔的化身，是人类最大的敌人，必须除之而后快。因此他用这种说法，鼓动他的船员和他一起猎杀这条白鲸。可以说，船长得有一股奇特的魅力，才能说服其他人来帮助他。

不知大家是否想过，人类是活在陆地上的，而白鲸生存于大海中。船长是人，只要他好好地待在陆地上，白鲸又如何能够加害于他呢？也就是说，如果人类没有妄想征服大海或掌控自然，如果不是对大自然如此不尊重和不懂得谦卑，又怎会遭受严重的反击。可是这位船长却偏要四处寻找这条白鲸，他把白鲸形容为恶魔也是故意的，只是要制造假想敌，目的就是号召其他人，让所有的人都相信他的话，来为他卖命。

到最后，他的船因为和白鲸对抗而沉没了，所有跟随他的船员也一起葬身海底，船长本人当然死了，仅有的一位幸存者，说出了这件事发生的始末。船长是为了复仇，但那些跟随船长去杀白鲸的水手，又是为了什么呢？恐怕他们自己也不太明白。

我们如果注意政治的话，一定会发现许多和《白鲸记》的内容相似的方面。政客们就像那位船长一样，常常会替自己制造一个假想的敌人，然后用尽全力只为打倒这个敌人。不幸的是，政客们在打倒自己所制造敌人的过程中，可能会带给国家和社会极大的灾难，就如同那些水手一样，最后都为船长而牺牲了，他们甚至不知道这样卖命是为了什么。希特勒就是一个典型的例子，他以个人魅力成为领导者，煽动全德国的人民加害犹太人，并且和全世界对抗，德国人也居然心悦诚服和他并肩作战。希特勒的下场也许很悲惨，可是他同胞的遭遇才是真正的悲惨，因为希特勒最后选择自杀，但却留下庞大的问题让他的同胞去善后。

《白鲸记》当然是个虚构的故事，可是它的情节却反映了我们的现实生活，我们每天的生活都在上演着《白鲸记》。世界上有一些人，就在专门制造一些奇奇怪怪的假象，不论是中国的台湾地区，或是美国都是如此。美国声称萨达姆是个坏人，伊拉克藏有核武器，派了好多人去中东打仗，有的人因此而阵亡，也有的人受了伤。但这都只是美国的假想，情势根本没有这么严峻，最后美国政府也坦承，他们判断伊拉克拥有大规模的杀伤性武器，都只是误判而已。可是，伤害已经造成，为此付出的代价已无可挽回。

我们的官员和大人物也一样，总是在骂别人，把对手妖魔化，这会让我时时想起《白鲸记》这本书。如果我们不懂得这些道理，只是像那些水手一样盲从于政客、官员或商人，若因此付出了极大的代价，这绝非我们所乐见。

远藤周作《深河》

我一直都很喜欢远藤周作的小说，这位闻名世界的日本作家，写的小说都很平易近人，没有什么让人看不懂的地方。他的巨作《深河》，英文书名是 *Deep River*，有一次我到澳大利亚墨尔本出差，路过一家天主教书店，一进去就正好看到这本书。因为在旅馆也无事可做，所以当天晚上就开始阅读。

《深河》原版书影，远藤周作著

所谓深河，指的是印度的恒河。故事讲的是一个日本的旅行团，到印度去观光，其中一位女士，曾经在大学时认识过一位男同学，这位男同学做了天主教神父，也去了印度，于是这位女士就到印度来找寻她当年心仪的男孩子。可是她却老是找不到他，一些天主教堂里的神职人员显然知道他在哪里，就是不肯讲出来，好像不屑谈论这位神父，也有点暗示他早已离开教会。

其实他依然是位神父，只是他不住在教堂里，而是住在加尔各答最贫穷的地区，附近住的全是印度种姓制度下的贱民。这位女士去拜访他的时候，他不在家。她却被当地的穷困景象吓坏了，留下了旅馆的电话，匆匆离去。

神父回复了她的电话，询问她住哪一家旅馆，当他知道是一间豪华的观光旅馆以后，就告诉找他的女士，他现在衣衫褴褛，和一般贱民一模一样，所以旅馆警卫不会让他进去的，最后他们约定在旅馆外面的一张长椅旁见面。

这位神父究竟在做什么呢？他平时一早起来，做弥撒、祈祷，和别的神父一样，可是他主要的工作就和别人完全不一样了。

对于印度教信徒而言，恒河是一条特别的河流，绝大多数印度人都想去恒河沐浴一次，他们认为这样对他们的灵魂有很大的好处。对有钱人而言，这件事不难，可是对于一些贫无立锥之地的穷人，他们必须步行到恒河去，很多人到了加尔各答，因为旅途劳顿而再也到不了恒河。我们的神父发现了这种人以后，会问他是否要去恒河，如果是的话，神父会将他背到恒河去。

其实这个故事有其象征性的意义，恒河代表上苍无尽的爱。富人和穷人，他们的骨灰，都进入了恒河，正如上苍一样，它接受富人，更接受穷人，而这位神父所做的，却又是耶稣基督生平的重演。远藤周作在另一篇小说中，特别形容耶稣生命的最后一刻，在那篇小说中，耶稣恳求别人，让他背沉重的十字架，因为他要背负全人类的痛苦。这位神父之所以背一位穷人去恒河，无非是要表明一件事：基督徒应该背耶稣给我们的十字架，替穷人服务，更应该带领人们到达永生。恒河对于印度人而言，代表了永生。

一位神父背着一位异教徒，去完成这位异教徒的心愿，是否有点奇怪？关于这点，我想起了德蕾莎修女的垂死之家，在这座垂死之家，有一个停尸间，停尸间左排标明“佛教徒”，右排标明“印度教”，而停尸间的门上有一排字“去见耶稣的路上”。远藤周作显然对德蕾莎修女的印象极深，他所形容的那位神父，其所作所为也极像德蕾莎修女，他们都不是光靠口头来传播福音，他们以行动来表示他们是基督徒。

我看完书后的第二天，从一所大学访问回来，由于是正式访问，我穿得西装笔挺。回旅馆的时候，门口的警卫不但对我微微欠身，而且打开门让我进去。我走进了大厅，大厅里两边都是落地的大镜子，从镜子里，我可以看到自己神气活现的模样。我忽然想起《深河》里的那位神父，他不敢走进豪华的旅馆，因为他衣衫褴褛，人家一定看不起他。

而我呢？我现在神气活现地进入旅馆，如果有一天，我一命呜呼，要到天堂去报到（如果有此资格的话），我一定羞愧得在天堂门口躲躲闪闪，到那时，我一定会说：“我衣衫褴褛，身无分文，天堂里的人是不会欢迎我的。”反过来说，我相信，那位神父死去以后，天堂的守门人一定会对他鞠躬，打开大门让他进去，而我这种人呢？能混进去就已经很高兴了。

远藤周作的《深河》，对基督教义做了最佳的诠释，有些这类的书，多多少少会冒犯了不信基督教的人，可是，这本书绝对不会，任何人看了这本书，都会知道，所谓“基督徒”，该是什么样的人。希望有一天，我不敢再堂而皇之地到大旅馆，也不敢神气活现地和大人物来往，到那时候，我才敢抬起头来，勇敢地面对上苍。

值得一看的科幻小说

除了以上四本书之外，在浩瀚的书海中，还有非常多值得一看的书。如一些科幻小说，极富想象力，寓意也相当地深远，可以为我们带来很大的启发。

举例来说，像玛丽·W·雪莱（Mary W. Shelley），她被誉为“科幻小说之母”，最负盛名的作品就是《科学怪人》（*Frankenstein*），这本书几乎是无人不知、无人不晓。而且她还是英国著名浪漫主义诗人雪莱的妻子，可见在西方，作为一位知名作家的妻子，依旧能发挥她的才华。《科学怪人》讲的是一位科学家在实验中，成功地将一个死人复活，却造成了极大的灾难，带来不可收拾的后果。其主旨是在警示世人不可轻易地玩弄科学，妄想取代上帝或战胜自然，这样往往会有不可预料的状况，造成无可挽回的灾难与祸患。

另外还有一位科幻小说家很值得推荐，那就是威尔斯（H. G. Wells），他是发明“隐形人”的作家。科学家在吃下隐身药之后消失，在隐身状态下，因为别人看不到他，几乎可以为所欲为，这简直是梦幻而不可思议的科学发明。但真的如此吗？一个伟大的发明若没有道德良知作为基础，在落到坏人手中时会产生什么样的后果？落到好人手里时，也不会有问题吗？假如因此一辈子都处于隐形状态，无法恢复正常，又是什么样的可怜处境？这样的科幻假设，真的非常了不起，可以触发太多值得我们深深思索的人性和自然等问题。后来以此为蓝本拍摄的电影也非常多，而且大都非常受到观众的欢迎。

威尔斯还有另一部作品是假设外星人入侵的《世界大战》（*The War*

of the Worlds)，相关的电影也是一拍再拍，不知道拍过多少回。如好莱坞大明星汤姆·克鲁斯，就曾和史蒂芬·斯皮尔伯格合作过这部威尔斯的小说，不过可惜的是，电影改编得并不好。但无论如何，像外星人入侵这样的科幻题材，想法就是源自他。

除了隐形人、外星人入侵之外，第三个最常见的科幻小说题材，就是“时空机器”，一台可以让人在时空中来去自如的机器，往前回溯过去，往后抵达未来，这也是他的创意。可以说威尔斯一口气发明了三种让后世的人不断延用和发挥的题材与概念，他的伟大就在于此。

《时空机器》原版书影，H. G. 威尔斯著

《科学怪人》原版书影，玛丽·W·雪莱著

《世界大战》原版书影，H. G. 威尔斯著

当然除此之外，其他的作品也同样令人赞叹。如《莫洛博士之岛》(*The Island of Doctor Moreau*)，谈到把人和动物的基因彼此混合，内容可说是有点恶心与恐怖，但据报道，英国真的已有把人和老鼠的胚胎混合在一起的实验，虽然这样的科学令人忧心，不知是否会像小说中说的一样，引起什么争议与灾难，但威尔斯在小说中预言了这样的未来，实在是不可思议。

而且我们不可不知的是，威尔斯不只是个科幻小说家，他还曾经写过一本世界通史——《世界史纲》，把世界历史从古至今的来龙去脉都详述了出来，学问之大非常少有。这样厚厚的一本作品，代表他的见解与创意并不是凭空而来，而是彻底研究过人类历史的演进与变化，才会有如此非凡的史观、视野与想象。这里也可以证明：大量的阅读能对一个人产生重要影响，甚至很可能造就出一位不凡的人物。

其他推荐书单

我非常在意的一点是：作家应该替弱势阶层发声。《悲惨世界》、《愤怒的葡萄》、《人鼠之间》、《大地》和《推销员之死》，都是替社会上弱势阶层说话的书。《悲惨世界》是法国大文豪雨果的作品；《愤怒的葡萄》和《人鼠之间》是美国作家史坦贝克的小说；《推销员之死》是美国作家阿瑟·米勒的作品；《大地》的作者是赛珍珠，也是美国人，但内容讲的是中国农民的悲惨。虽然中国以农立国，绝大多数人是农民，但是过去的农民饱受地主的剥削。遗憾的是，我们的知识分子却很少对他们表示关心，我也是看了赛珍珠写的《大地》，才对中国农民的处境有相当的同情。

在各种不同的类别之中，我曾精选出最喜欢的40本书，其中包括了翻译的世界文学，也有中文创作，还包含了前面提到的最喜爱的4本书和值得一看的科幻小说在内。现在以类别归纳如下，至于内容的介绍，由于曾在其他书中谈过，这里仅完整地条列出来，就不再详述每一本书的主题与特色。大家若对其中某些书感兴趣，不妨找来阅读，我相信必然会有一番收获和感动。

1. 真相只有一个

(1)《一个都不留》，阿嘉莎·克里斯蒂

(2)《白马酒馆》，阿嘉莎·克里斯蒂

(3)《三口棺材》，约翰·迪克森·卡尔

(4)《Y的悲剧》，埃勒里·奎因

2. 科幻预见未来

(5)《科学怪人》，玛丽·W·雪莱

(6)《隐形人》，H. G. 威尔斯

(7)《化身博士》，史蒂文森

(8)《美丽新世界》，阿道斯·赫胥黎

(9)《华氏451度》，雷·布雷德伯里

3. 时代交响曲

(10)《基督山伯爵》，大仲马

(11)《双城记》，狄更斯

4. 海洋冒险传奇

(12)《白鲸记》，梅维尔

(13)《海狼》，杰克·伦敦

(14)《老人与海》，海明威

5. 底层的呐喊

(15)《悲惨世界》，雨果

(16)《愤怒的葡萄》，约翰·史坦贝克

(17)《人鼠之间》，约翰·史坦贝克

(18)《大地》，赛珍珠

(19)《推销员之死》，阿瑟·米勒

6. 政治的荒谬

(20)《动物农庄》，乔治·欧威尔

(21)《1984》，乔治·欧威尔

7. 梦与希望

(22)《小气财神》，狄更斯

(23)《人为什么而活》，托尔斯泰

(24)《大地之歌》，吉米·哈利

8. 毁灭与死亡

(25)《西线无战事》，雷马克

(26)《苍蝇王》，威廉·高汀

9. 生命的信仰与力量

(27)《高尔基短篇杰作选》，高尔基

(28)《权力与荣耀》，格雷厄姆·格林

(29)《深河》，远藤周作

(30)《疯子·教授·大字典》，赛门·温契斯特

(31)《最后十四堂星期二的课》，米奇·艾尔邦

10. 古典章回话英雄

(32)《水浒传》，施耐庵

(33)《三国演义》，罗贯中

11. 遥远却真实的故事

(34)《城南旧事》，林海音

(35)《儿子的大玩偶》，黄春明

(36)《台北人》，白先勇

(37)《棋王、树王、孩子王》，钟阿城

12. 文化大旅行

(38)《山居笔记》，余秋雨

13. 从科学中思考人文

(39)《电学之父——法拉第的故事》，张文亮

14. 诗中有禅意

(40)《十三朵白菊花》，周梦蝶

第六章

缩小城乡阅读的差距

我会把儿童带进一间图书室（当中没有不当的书籍），让他自己挑着读。儿童不应当受到压抑而不允许阅读任何自己感兴趣的东西，或是不允许接触超乎他们理解范围的概念，一旦出现这种状况，儿童很快就会察觉而中断尝试，如果情况顺利，他们自然就能获得教益。

——约翰逊（Samuel Johnson）

对弱势孩童的亲身观察

从前面一路谈下来，阅读环境的营造，实在与我们的教育环境有很大的关系。最后这一章，不免要再度回到教育程度的落差问题上，教育程度差异之所以存在，有很多方面的原因。比方说，许多弱势群体的孩子回家不做功课。但我们往往也会忽略一个更重要的原因，那就是弱势群体的孩子往往阅读量不够。

我们最该关心的是弱势群体的孩子有没有去看课外书，也许可从我的一个亲身经历谈起。有一次我到一个朋友家去聊天，在聊天的过程中，陆陆续续地有他们的亲友加入进来。一共有三位，每一位都喝了很多酒，其中两位已醉到当场倒在地上睡着的地步，第三位还好，可以清醒地和我聊天，但是他实在没有什么话好讲，因为他所知道的事情实在很有限。

我发现他们都是打零工的，当时正是打零工的淡季，他们都无工作可做，他们的习惯是不做工，就喝酒。是什么样的酒，我不敢问，可是再便宜的酒，也是要钱的。他们都已经结婚，也都有了孩子，孩子们看到爸爸常常喝酒，真不知滋味如何。

我的学生们毕业以后，都能找到很好的工作，没有一个是打零工的，也没有一个有喝酒的习惯。学生们生活在一个多姿多彩的世界，他们知道很多事情，也永远对很多事物有好奇心，因此会不停地吸收新知识，他们的竞争力会越来越强，这也使得他们始终对前途充满了信心。

可是，对那几位经常喝酒的先生来说，他们的生活是如此单调无趣。即使有好的音乐厅，他们没有能力也没有兴趣去使用；社区设有图书馆，他们也从来不会去利用。他们根本不知道如何提高自己的竞争力，也认为自己是不可能有竞争力的，一旦没有工作可做，只好以喝酒和聊天来打发时间。

很多人以为弱势群体之所以会弱势，是因为他们从小就不努力、没有志气，却完全不了解，弱势群体从小就没有受到什么文化刺激，所以他们根本不知道有一个美好的世界在等着他们。他们的知识最多就是教科书中的一些知识，即使是这些知识，他们也只是一知半解，也许他们学过一些物理和化学课程，但他们完全不知道现代科技是怎么一回事。他们也极有可能完全不知道台湾地区有半导体工业，也不知道我们的台积电在技术上领先世界。我们说他们没有志气，实在是冤枉了他们，因为我们总是先要有一些基本常识，才可能有志气。

以上所讲的人，大概都是中途辍学的，或是初中毕业后没有升学的人。即使有些人一路读到了大学，仍然是糊里糊涂的，如果你去演讲，不论你讲什么，即使你讲的和他们所学有关，他们的习惯也是在下面呼呼大睡。事后问他们为什么不听，他们也说不出所以然来。其实他们根本就是没有什么好奇心，对于吸收新知识，一直是非常被动的。他们当然不是对所有的新知识都没有兴趣，他们生活的重心是在影视和体育方面，如果你和他们谈影视明星或体育明星，他们就会立刻兴高采烈地聆听，只要稍微严肃一点的事情，他们就没有兴趣了。

最严重的是，弱势群体的孩子往往缺乏判断力。举例来说，有个女孩

东光部落：阅读老师带着孩子读报

子碰到一位很会奉承的男士，立刻就被他的殷勤感动，但如果多用一点脑筋和判断力，多方观察一下，不难发现这位如此殷勤的男士可能有问题。果真这位男士用花言巧语骗走了她的身份证。

至于念书，那就几乎不用谈了，不看书的孩子往往搞不清楚教科书里究竟在讨论什么主题，即使他用功，也是事倍而功半，因为平时书看的少，只要看到一些比较难懂的题材，就立刻放弃了，热传导、辐射、原子量等，这些都与他无缘，稍微难一点的数学题目，他连题目的意思都看不懂，很自然地就放弃了。

这些弱势群体的孩子的最大问题，乃是在他们平时课外书看的太少，以至于他们所受到的文化刺激不够，他们的脑子平时很少受到刺激，当然也就使他们不会思考。他们感兴趣的事都是非常肤浅的，因此无法吸收任何稍微严肃一点的知识。对于他们来讲，不要说吉尔吉斯斯坦的暴动有什么意思，就连最近发生的金融风暴也懒得去了解，如果学校请人来讲金融风暴的来源，他们当然听不太懂，对所谓的“衍生性金融产品”，不仅不懂，也懒得去研究。上课的时候，只要稍微难一点的课程，他就吃不消了。他搞不清楚这个世界是怎么样的，弄不清楚升学考试的规则是什么，初中毕业以后，可以念什么学校，他也不知道，试问他何来什么竞争力？长大成人以后，因为缺乏普通常识、法律常识，很可能受人欺侮而不自知。

我们要帮助弱势群体的孩子，一定要使他们能思考。要能思考，首先要有足够的文化刺激，也就是要看足够多的书。

我要先提出一个“奇怪的”建议：我们不必成天给弱势群体的孩子读“励志”书。有些教你如何成功的书，实在对他们毫无意义，那些书显然是给家境不错的孩子看的。比方说，有的书谈到“30岁以前一定要去过的地方”，这些地方当然包含巴黎、伦敦、威尼斯等城市，可是我们可怜的

东光部落：阅读老师带着孩子读报

弱势群体的孩子连台北都没有去过，这种书只会使他们有自卑感。还有的书一再强调要在挫折中站起来，我们的孩子根本不会正负数，现在却要做一元一次方程式，试问他们如何能在考试挫折以后恢复信心？

如果我们成天要孩子看这些书，孩子们就可能会有一种很奇怪的想法：为什么老是要我看这些书？他忽然发现他已被贴了标签，这个标签，可能使他失去信心。我过去曾经帮视力障碍学生录制书本，当时有好多人问我为何要录制侦探小说，他们认为盲人看侦探小说，有何用处？他们推荐的书全是励志书，但励志书毕竟有限，他们据此所制作的有声书籍也非常有限，也局限了盲人吸收各类知识。

所有的孩子都爱看故事

有好一阵子，我老是听到一种说法，说偏远地区的孩子是不可能会看书的，顶多会看漫画书，所以很多人捐书给博幼基金会的时候，只会捐漫画书。其实孩子只要有人引导他去读，他就会读了。我经常去山区访视孩子阅读，发现那里的孩子都会看书，有一位小学二年级的山区小男生可以读我写的书，而且也能读懂。所以大家绝对不要以为偏远地区的孩子不会看书，或者说偏远地区的孩子不喜欢看书，这只是一种偏见，他们不是不喜欢看书，只是没有多少机会接触到书。

孩子们还很喜欢表演，看了故事书后，最好让他们有一个表演的机会。有一次，我去山区看小朋友的暑假结业式，结业式中有一个表演是讲福尔摩斯探案的故事，有些小朋友中规中矩地讲，有些却在不太记得的时候，就将几个故事胡乱凑成一个，厉害的是他们可以脸不红、气不喘地乱编。最有趣的是一位小朋友说：福尔摩斯和一些人在一间房里讨论案情，没想到有人敲门，来人说“我是福尔摩斯”。他说到这里，我大为紧张，因为我自以为已读过每一个福尔摩斯探案故事，但是据我记忆所及，从未有一个福尔摩斯的故事中是有人假冒福尔摩斯的情节，所以我立刻竖起耳朵，准备洗耳恭听这个故事是如何发展的。其实，这剧情是这个小孩子瞎扯的，他瞎扯的结果是自知理亏，讲不下去。当时还有一位小朋友配合他像是讲相声一般地表演，所以他就向那一位伙伴说：“居然有人要假冒福尔摩斯，你说奇不奇怪！”然后他暗示他的伙伴将故事讲下去，那位伙伴一点也不紧张，他说：“是你说有人要假冒福尔摩斯，我可没说，所以你就继续说下去吧！”因为我发现这位孩子在瞎扯，我也就没有注意听下去，现在有点后悔，不知道那位小朋友当时是如何将这个故事讲下去的。

从以上的故事看来，偏远地区的孩子也是喜欢看课外书的，只是需要有人去引导他们，引导的方法有很多种，有一种是让所有的孩子全都读同一本书，然后请所有读过的孩子对这本书进行讨论，因为大家都看同一本书，就会有彼此之间的观点激荡，当一个孩子提出他的观念，而其他的孩子可以明白和理解时，也会在互动和交流下引发更多的兴趣。

我认为应该给孩子们多看小说，为什么呢？因为小说有趣，小孩子从小就喜欢听妈妈讲故事，长大之后自己当然也会喜欢看小说。小孩子年纪小，大概吃不消长篇小说，因此看短篇小说是比较适合的。

福尔摩斯探案应该是很好的开始读物，因为福尔摩斯探案有很多简易的版本，事实上我们在市场上所买到的几乎都是简易的版本，有的侦探小说非常复杂，小孩子会看得一头雾水。福尔摩斯探案虽然短，但是逻辑性很强，每次破案，大侦探一定会解释破案的关键，这样一来，可以让孩子从小培养合乎逻辑思维的能力。

爱国部落：阅读角落说故事时间

叫小孩子看福尔摩斯探案还有一个好处，你可以很清楚地测验孩子究竟会不会看书，假如他看了一则福尔摩斯探案故事，可以请他将福尔摩斯破案的关键写出来，假如他写不出来，就会知道他的阅读能力有问题。

除了福尔摩斯探案可以作为孩子们的初级读物以外，很多外国的翻译小说也很适合孩子阅读，有哪些呢？像《金银岛》、《泰山》的历险故事，马克・吐温也有好多关于顽童的故事都非常有趣，对中国小孩子来讲，这些顽童的故事和情节都只能去想象。外国的童话故事中还有一个也非常好玩，那就是《木偶奇遇记》，我小时候看过《木偶奇遇记》以后，真的以为只要说谎，鼻子就会变长，所以我有好一阵子都不敢说谎。

外国童话故事非常多，《伊索寓言》、《格林童话》和《安徒生童话》都很有意思，我一直很欣赏《卖火柴的小女孩》这个故事，也始终认为每年圣诞节的时候，都应该叫孩子看这个故事，提醒孩子在这个世界上还有很多不幸的人。

外国的一些小说的确比较有创意，像《基督山伯爵》这类的小说，在我们的小说中就不太可能有如此的题材，假如我们说某某人被关进了监狱，他在狱中的朋友告诉他，在澎湖某地有当年西班牙人留下的宝藏，我相信大家会认为这个故事有些胡扯。可是，不知何故，我们却可以接受外国人这一类的故事。以狄更斯的小说为例，他的小说在全世界风行，我们的国人也喜欢看他的小说，但是我们似乎不能接受我们的作家写类似的小说，比方说，我们能够容忍中国版的《双城记》吗？

再以《泰山》这类故事来说，我们能写出这种故事吗？可是英国的诺贝尔文学奖大文豪吉卜林（Rudyard Kipling）却写过《丛林故事》，故事中的主角是一个野小孩，成天赤身露体地在丛林中跑来跑去，后来有好多的电影都是以他这部小说为蓝本来改编的，我们的作家却无法写出这类小说。

让孩子在小时候就看外国小说，的确会使他们比较有创意，我的意思是：让他们的脑袋比较会胡思乱想和天马行空，不被局限。我们中国人确实太过保守，因为我们缺乏创意，不仅我们的小说往往比不上外国人的小说有趣，就连我们的工业产品，在创意上也不够。

看翻译小说还有一个好处，孩子们可以因此而扩大国际视野。比方说，看了《基督山伯爵》，孩子们会发现外国人早就有股票市场了；看了《双城记》，等于知道了法国大革命是怎么一回事；看了狄更斯的多部小说，孩子们会知道当年英国社会充满了不正义的现象。弱势群体的孩子的父母不太可能和孩子们谈国外的事情，他们也没有机会出国旅行，看翻译小说当然会对他们有所帮助。

国际新闻和电影：培养孩子的人文素养

博幼基金会非常重视孩子们的国际观，因此我们设立了一个“博幼基金会—国际新闻周报”的网站，网址如下：http：//alg. csie. ncnu. edu. tw/enews/allnews. php。例如下图是 2010 年 6 月 6 日至 12 日的一则新闻。

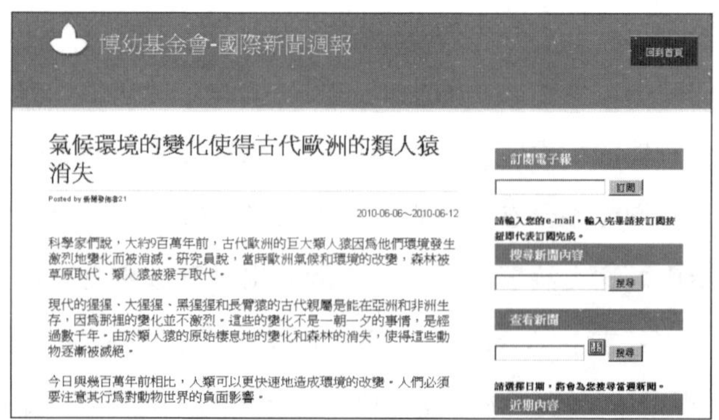
博幼基金會-國際新聞週報

回到首頁

氣候環境的變化使得古代歐洲的類人猿消失

Posted by

2010-06-06～2010-06-12

科學家們說，大約9百萬年前，古代歐洲的巨大類人猿因為他們環境發生激烈地變化而被消滅。研究員說，當時歐洲氣候和環境的改變，森林被草原取代，類人猿被猴子取代。

現代的猩猩、大猩猩、黑猩猩和長臂猿的古代親屬是能在亞洲和非洲生存，因為那裡的變化並不激烈。這些的變化不是一朝一夕的事情，是經過數千年。由於類人猿的原始棲息地的變化和森林的消失，使得這些動物逐漸被滅絕。

今日與幾百萬年前相比，人類可以更快速地造成環境的改變。人們必須要注意其行為對動物世界的負面影響。

訂閱電子報

訂閱

請輸入您的e-mail，輸入完畢請按訂閱按鈕即代表訂閱完成。

搜尋新聞內容

搜尋

查看新聞

搜尋

請選擇日期，將會為您搜尋當週新聞。

近期內容

博幼基金会—国际新闻周报：气候环境的变化使得古代欧洲的类人猿消失

我们除了让学生阅读书籍以外，每周一定要给孩子读一篇国际新闻，并加注一些名词解释，让孩子在阅读上没有障碍。以下是一个例子。

【联合晚报】2009.01.13 美联社

西半球最贫穷的国家海地在当地时间12日下午4时53分（台北时间今早5点43分）遭到200多年来最强烈的地震袭击，通信随即中断，零星传出的消息显示，首都太子港的总统府、联合国维持和平部队总部，和许多原本就十分脆弱的政府、民间建筑均损坏，可能有数千人被埋在瓦砾堆中。

太子港的电力供应也告中断，入夜后陷入一片黑暗。外国志工表示，在贯穿太子港的主要街道戴玛斯路，倒塌的房子比未倒的还多。

美国地质测量局表示，**里氏规模**7.0的强烈地震，震中在首都太子港以45公里处，深度仅8公里。美国地质学家马拉诺表示，这是海地1770年以来最强烈的地震。由于震中接近地表，而且距人口稠密的太子港不远，预料造成严重死伤。

远在360公里外的古巴东部都有强烈震感，海地、古巴、巴哈马群岛和多米尼加都发出海啸警告，但稍后解除。在强震之后又发生了10余次余震，其中3次规模在5.0以上。

在海地工作的一名美国包商表示，地震持续35秒至40秒，太子港立刻灰尘满天，有20多分钟看不清楚东西。

一阵天摇地动后，**侥幸**逃出的人奋力抢救，从瓦砾中把伤者挖出，紧急送医。

强震发生后不久，海地与外界所有的通信都中断，使得死伤情形难以立即获知。海地驻美国大使约瑟夫向CNN表示，他和海地总统府幕僚长龙千普通话获悉，海地总统府受损，但总统普雷瓦和夫人安然无恙。当地一片**狼藉**，由于地震发生的时间已近傍晚，约瑟夫表示："现在只有等待天亮，大家也只有祈祷。"但随后通信中断，他未能再度联络海地。

天主教救济服务在太子港的代表兹林卡在电话中断前告诉美国同事说，必定有"数以千计"的人死亡，到处混乱不堪。世界展望会海地分会表示，展望会人员没有伤亡，但想要出城，却因房屋倒塌阻路而无法通行。

太子港当地媒体报道，总统府、国会、财政部、公共工程部、通信与文化部、一座天主教堂都倒塌或严重损坏。在各国外交官和联合国代表团成员居住的太子港东部派森维尔，有一栋医院大楼倒塌。

有报道指出，太子港对外唯一的道路已中断，海地机场的塔台也倒塌，使得外国救援物资和人员可能无法及时送达。

海地是西半球最贫穷国家，900 万人口中有八成生活在**贫困线**之下，当地建筑无安全标准，太子港市长曾估计，有六成的房屋即使在一般情况下也不够安全。

海地近年来遭受一连串的天灾，2008 年受到 4 次强烈飓风的侵袭，造成 793 人死亡、300 多人失踪，该国 2008 年也面对紧张的政治对峙，还有粮食价格飙升引发的暴动。

里氏规模：里氏地震规模（Richter magnitude scale），亦称地震震级（local magnitude，ML），是表示地震规模大小的标度。

侥幸：意外成功或免去灾祸。

狼藉：传说狼群常在草地上卧息，离去时常将草地弄得一片凌乱以灭迹。后用此语形容凌乱不堪。

贫困线：是为满足生活标准而需的最低收入水平。

孩子在看过这篇新闻之后，还要写一份摘要，如果他写不出来，就表示他实在不太会阅读，老师就要帮助他了。

除了看书以外，看电影也极为有用，因此博幼基金会的孩子们也常常被安排看经典电影。孩子们通常喜欢看《变形金刚》这类型的商业片，我们却强迫他们看《乱世佳人》、《战争与和平》、《罗马假日》等经典片，一开始的时候，有些孩子极不习惯看这类文艺片，因为他们的家人不会给他们看这类电影，可是看多了以后，他们就会喜欢上这类文艺气息比较重的电影。

看电影也是增强国际观非常有效的方法。看了《乱世佳人》，孩子从此知道美国南北战争的残酷，我认识一位博幼基金会的孩子，他看过《乱世佳人》以后，开始对美国的南北战争产生兴趣，并找到下令烧大西洋城的北军将军谢尔曼（William T. Sherman）的资料，也从此对这场号称是解放黑奴的战争有了新的看法。如果看过《战争与和平》这部影片，定会了解拿破仑为何在这场战争中注定会失败，关键乃是在于俄国政府不和他正面接触。这位法国皇帝的军队在进入克里姆林宫时，莫斯科已是空城，没有任何人来投降，拿破仑一听说没有人来投降，立刻知道情势不妙，因为他知道他无法统治这个国家。这部电影也充分地显示了战争带给一般的士兵多大的痛苦。当拿破仑乘坐马车飞快地驶回法国时，替他效命的法国士兵却在大雪纷飞中，一步一步地步行回家，除了饥寒交迫之外，还要被俄国军队伏击，真是可怜。

平时，我们若要向孩子讲关于拿破仑的故事，孩子是听不进去的。但是看了电影以后，他们就会对拿破仑产生兴趣，至少知道拿破仑在远征俄

潭南部落：认真听故事的孩子们

国的那场战役中，打了个大败仗。他们也一定会知道希特勒为何重蹈覆辙，下令远征苏联，又吃了一次败仗的原因，即也惨败在此国严寒的天气上。

我国的宣统皇帝，也是个值得知道的一号人物，他在逊位后，却又在日本扶植下当上了伪满洲国的傀儡皇帝，待日本投降后，他想逃，却被苏联抓到，带去了西伯利亚。这么一段复杂的故事，孩子常常谁也弄不清楚，但看了《末代皇帝》的电影后，就可以一下子搞清楚这段历史是怎么一回事了。

看电影，还有一个好处，可以使孩子开始对古典音乐产生兴趣。偏远地区的小孩子通常是不听古典音乐的，因为没有接触这类音乐的机会。但是我们可以给孩子们看一些音乐电影，最佳的入门音乐电影应该是迪士尼公司拍的《幻想曲》，因为这是部卡通片，比较能使孩子聚精会神地看，它所配的音乐全部都是古典音乐，至少可以让孩子们觉得古典音乐也是有趣的。

对城市里的孩子而言，很多音乐家的名字都耳熟能详，但对于偏远地区的孩子来说，“李斯特”这个名字恐怕闻所未闻，可是我们若让他们看

《一曲相思未了情》，他们以后就一定会知道李斯特是何许人也，也知道这位匈牙利音乐家传奇的一生。如果将来有人再提起李斯特时，他就不至于完全不能搭腔。

看课外书和电影，对培养孩子们的人文素养极为有用，我们要在社会上立足，总是需要有足够的人文素养，这是为孩子开启视野的一种方法。

学校图书经费不足的现象与落差

简单地来比较图书经费的差异，就可以明白城乡差距的悬殊之处。很少人知道，过去几乎所有的小学、初中，都没有固定的图书经费。每 3～5 年，有关部门只会给一所小学几万元（元指新台币，下同。——编注），平时，校长必须自己想办法去筹款。但矛盾的是，因为都会区的有关部门比较有钱，有时它们会提供小学、初中图书经费补助，所以台北市、台中市和高雄市是例外，这些大都会区的小学、初中学校，反而有编列图书经费。

不仅如此，都会区的学校还可以靠家长会来筹措这项费用，并且这些区域的人平均收入较高，每所学校的人数也多，所以家长会的成员多，经济也比较宽裕，可解决这个问题。

可是在乡下，不但缺乏固定的图书经费，而且作为家长来说，平均收入也比较低。再加上学校的平均人数也不比城市学校的多，也许某个乡镇的一所偏远小学就只有 60 来个学生，家长会的成员也不过是 60 位左右，人数太少，且家长手头也不宽裕，即使有心想帮孩子增加图书经费，也只是心有余而力不足。

此外，高等教育与基础教育的经费之间，也有很大的落差。随便一所私立大学，大约都有 4 000 万的图书经费。可是在小学的图书经费上，却可能一毛钱也没有编列。这是一种很奇怪的现象，我们的教育资源分配，过于重视高等教育和明星学校，像是“5 年 500 亿元”的顶尖大学计划，但却未见大量的金钱投入到更重要的基础教育上，很明显有不均衡的问题存在。而且把资源投注在少数顶尖的学生和学校身上，虽然可以让很优秀的学生广受瞩目，或是登上世界舞台，但这只是一时的虚荣，以台湾地区的整体平均程度和素质来看，却反而可能在走下坡。

目前台湾地区的小学、初中人数，总计约有 255 万人，如果每位小学、初中的学生，可以被补助 100 元来购买图书，这样台湾地区一年才只有不到 3 亿元的经费。这笔钱的分配当然还可以有调整的空间，人数太少的学校应该多拿一些钱，人数太多的学校不妨少拿一些钱。图书经费绝对要专款专用。对于任何一所学校来说，虽然这笔钱一时之间不算多，但是日积月累下来，学校的图书馆就可以持续积累藏书量，至少可以不断地改善。

目前的情况，就我所知，1996—1999 年间，小学、初中的充足图书预算，在 1 亿至 2 亿元不等，平均数字是在每年 1.6 亿元左右。这与我上述提到的 3 亿元这个数字仍有些差距，但至少已是一个起步。但平均分配到每个孩子身上的金额，其实仍不到 100 元，而且这个金额也只是个很低的数字，现在要用 100 元买一本书都是不够的，我们仍需要继续呼吁再加强改善。

最重要的是，给小学、初中的图书经费必须是永久性的，也就是说，任何一所中小学的校长，都应该有把握每年都有一笔图书经费，这样一来，学校就可以作长期的计划，而且图书馆也会越来越好。

我曾见到很多乡下的孩子，几乎没看过几本课外书，因此无论我谈什么话题和内容，他们都接不上口。我实在无法想象他们将来能有很高的竞争力。我们若要走向全球性的舞台，孩子势必要提高人文素养和培养国际观，但如果不多替他们想想，为他们增加图书经费，他们能有这样的视野和能力吗?

我还是诚挚地希望老师们，能设法强迫学生大量阅读，也希望家长们能了解，大量阅读其实有助于升学，并不是浪费时间在读闲书。更希望教育部门把这笔仅仅3亿元的图书经费，永远地列入每年度的预算之中，甚至规划更长远的目标，打造一个更方便完善的整体阅读环境。

培养孩子阅读的方法

有一则新闻曾引起我的注意。这是一份来自美国内华达大学的研究报告，研究调查的对象包括了27个国家，共7.3万名学生，目的在于调查他们受教育的时间长短。调查发现，家中有藏书的孩子，大学毕业的比率，比起家中没有藏书的孩子，多出了20%。另外，家中藏书量若超过500册以上，孩子受教育的时间也平均多出了3.2年。这显示出家中藏书的多寡，和孩子受教育的时间长短，有很大的关联。

而且研究人员还发现，每个家庭收入的多寡，是影响孩子受教育时间长短的原因之一，世界各国皆然。内华达大学研究人员麦坎还指出，在中国大陆，家庭藏书量超过500册以上的家庭，孩童接受教育时间比没有的家庭，平均多出6.6年；在美国，同样的情形下，则多出2.4年。

这项研究的结果并不令我意外，佐证了我前述的说法和观点，而且中国的家庭在阅读能力的提升上，还有更大的空间。不论各国之间的经济条件、政治制度或文化上有什么差异，家庭的经济条件和阅读量，都影响到接受教育的时间长短，彼此之间有很大的关联。若有一个方便取阅图书的

同富部落：孩子上台说故事

环境，让孩子从小就接触书籍，养成阅读习惯，确实能奠下良好的发展基础。

我们在埔里成立的博幼基金会，宗旨除了帮助弱势孩童课后辅导之外，也一直致力于加强孩子们的阅读习惯，而养成阅读的做法，我们采用了以下的方式：

第一，小朋友不仅要阅读，而且也要上台去讲。我们除了鼓励孩子阅读，也要培养他们的表达能力。试着让孩子把自己读到的内容叙述出来，有许多的好处。首先，可以了解孩子本身是否读懂了这篇故事、文章，或是这本书所讲的内容，重点和主旨是什么，孩子又吸收了多少。其次，让孩子重新用自己的话语去表述出来，可以训练他们重组书籍和文章架构的能力，培养他们的逻辑条理。再次，上台向其他的小朋友讲故事或讲书，可以培养他们面对众人的勇气与自信心。最后，在试着用自己的话来描述时，其中多少都掺杂了小朋友自己的看法、想象和诠释，他们也会想办法找到形容词和说法，所以也能培养他们的思考和想象空间，以及更多的词汇使用能力。

第二，小朋友在阅读以后，制作幻灯片，来介绍看过的文章。这和第一点的做法是相关的，是一种延伸的方式，让小朋友上台去讲，是单纯用言语来表达，但制作投影片，就是要小朋友把读过的文章或书籍，将重点整理之后，用条列的方式写下来，包括从中获得的知识和内容，甚至是自己的心得和感受。在这个整理过程中除了可从中学习到这些好文章或好书的结构之外，也是一种写作大纲的练习。向其他小朋友介绍的过程，是一种分享的过程，在彼此的交流、对谈之间，练习口才、培养自信和提高沟通的能力。

不过，我最近发现有些孩子非常害怕阅读科学类的文章。举个例子来说，有不少的孩子看到下列句子就吓得半死。

(1) 鸡的头数加上兔子的脚数等于兔子头数的两倍少1。

(2) 压岁钱，用了一部分，剩余的钱是用掉钱的一半少200元。

(3) 某元素的原子质量等于12乘以此元素的原子质量除以碳原子质量。

这些句子并不是文言文的句子，但是，因为孩子不熟悉这类文句的叙述，他看了会害怕，一怕就懒得仔细去读，但如果有老师在旁边教他，他就会明白句中叙述的意思。如果他一直不会读这种句子，将来他可能无法看懂数学方面的书，也无法看懂自然科学类的书，会吃很大的亏。

这一类文章的阅读，我们称之为思考性阅读。以下是博幼基金会给孩子看的一段思考性阅读的文章。

热的传播

热是一种能量（热量），可以在不同温度的物体间传递，叫做热的传播。那么物体之间又是如何传递热量的呢？我们分两个方面来谈，一是传递的方向（热由谁传给谁），一是传递的方式（热怎么传过去）。

先说传递的方向，大自然原本就有一种趋向“平衡”的趋势，像是河流会把山上的泥沙搬到下游，山渐渐变矮了，下游的洼地被填平垫高了，两者高度的差距会越来越小。热量也有类似的情形，会由温度高的物体传向温度低的物体（特别注意，不是由热量多传给热量少），温度高的物体失去热量，温度会渐渐下降，而温度低的物体获得热量，温度会渐渐升高，一直到两者温度相等为止（平衡）。

热量传递的方式有三种，分别说明如下：

1. 传导。经由物体（主要是固体）接触将热量从高温处传到低温处。例如，夏天坐在公园的铁椅上会觉得烫，是因为铁椅的温度高于人的体温，铁椅（高温）将热量传给人（低温），人不断获得铁椅传过来的热量，皮肤温度升高，所以觉得烫。冬天坐在公园的铁椅上反而会觉得冰凉，是因为冬天人的体温高于铁椅的温度，人（高温）的热量传给铁椅（低温），人不断失去热量，皮肤温度下降，所以觉得冰凉。不同的物质对于热的传导速度也不一样，通常金属传热速度较快，非金属（例如，木头、塑料）传热速度较慢，所以炒菜锅的锅体本身大都使用金属制造，而把手部分使用非金属制造。

2. 对流。热经由流体（液体或气体）的流动而传播的现象，称为对流。例如，妈妈烧开水的时候，锅底的水最先吸收到炉火供应的热量，受热膨胀，密度变小而上升，周围的冷水就会补位，再继续受热膨胀而上升，这样的过程不断地循环，就能让整锅水的温度继续升高，水就烧开了。

3. 辐射。太阳是地球上能量的主要来源，在太阳和地球之间几乎没有任何物质（介质），但太阳仍可源源不绝地将热能传播到地球。像这样没有透过介质也能传递热量的方式，称为辐射。例如，太阳将热传递到地球。通常深色的物质比较容易吸收辐射热，浅色的物质不易吸收辐射热，所以遮阳伞一般以浅色居多。

看完上面的文章后，回答以下问题：

1. 什么是介质？哪一种热传播方式不需要透过介质？

答：当热要传到另一方时，中间所透过的媒介，就是介质。辐射不需要介质。

2. 烤肉时，把肉放在铁网上面，主要是利用热传播的哪些方式？

答：用传导的方式，金属导热快，很快就能吸收热，温度会很高，再把肉放在上面会比较容易熟。

3. 夏天适合穿深色的衣服还是浅色的衣服，想想看，为什么？

答：浅色的衣服。因为浅色的衣服不容易吸收辐射热。

4. 把蜡烛点燃后，手放在烛火的正上方，会感觉到热，可是手放在烛火的旁边，也会感觉到热，你可以分别说明，以上两种情形，各是因为哪一种传热方式让手感觉到热吗？

答：放在烛火上方：主要是对流，烛火上方的空气吸收烛火的热量，因对流而上升，热空气经过手，我们就会感觉到热；放在烛火旁边：主要是辐射，热空气是向上移动，不会向侧边移动，手放在侧边却也能感觉到热，可见得是不需介质的辐射方式传递过来的热量。

5. 我们已经知道了热的三种传播方式有传导、对流、辐射，请你举例说明有哪些日常生活中的现象是通过以上三种方式传播的。

(1) 传导。

答：让学生自己发挥（引导出保温瓶、焖烧锅、棉被）。

(2) 对流。

答：让学生自己发挥（引导出工厂的烟囱、保温瓶、焖烧锅、棉被）。

(3) 辐射。

答：让学生自己发挥（引导出保温瓶、焖烧锅）。

我们不妨再看一篇思考性阅读的文章：

小明有些压岁钱，用掉了若干，所剩下的钱是原有压岁钱的一半还少 100 元。请看以下的句子，并回答哪一个是对的？

（1）小明原有压岁钱 500 元，用掉 100 元。

（2）小明原有压岁钱 1 000 元，用掉 600 元。

（3）小明原有压岁钱 300 元，用掉 150 元。

这是我们特别做法中的一种，用来辅导孩子阅读思考性的文章。很多弱势群体的孩子之所以功课不好，往往是因为他们根本不看教科书。有一次，我碰到一位在偏远地区教化学的高中老师，他发现有些学生连最基本的题目都答不出来。他就追根究底地去问，最后发现那些学生根本没有看教科书，最多只是看看图和方程式，叙述和解释一概不看。他又追问为什么他们不看，那些学生告诉这位老师，他们很怕看科学类的教科书。这位老师心生一计，让所有同学把课文抄一遍，如有不懂的地方可以问他，久而久之，学生们就不怕看化学教科书了。

不过，要帮助孩子阅读这类非常枯燥无味的教科书文章，绝对是一般的语文老师所不能接受的，但我真的认为这很重要，非常有必要将这类文章纳入教学内容中，让孩子熟悉这类文章的叙述方式，而不要心生害怕与抗拒。

结语——

虎头蛇尾的故事和商业性的强势作为

最后我想谈一谈阅读能力的下降。在面对某些强势的商业行为时，我们也很容易受到影响，缺乏自我的判断力。不论是西方近年来的超级畅销书，还是好莱坞的卖座电影，因为投入的行销宣传成本非常庞大，几乎是无孔不入，所以我们很容易先入为主地接受了其宣传的观点，并且以为畅销的就是好的。却没有试着去判断它的故事是否合理，或是其中是否隐藏了大国的强势或商业性的利益，不懂得批判思考，就一味地接受。这与我们阅读不够广泛与多元有很大关联，所以很容易地就接受了这样的强势宣传和炒作。

以《达·芬奇密码》为例，这恐怕算是近年来最受人瞩目的小说，在没有看这本书以前，我就知道这本小说的主题是有关耶稣结婚生子的故事，我当时就惊讶不已，因为要证明任何古人曾经结婚生子，都是高难度的事，耶稣如果确有其人，他也是两千年前的古人，当时罗马帝国的正史并没有记载耶稣的生平，要用非常确切的科学方法来证明耶稣曾经存在，已经非常困难，要证明耶稣曾经结婚生子，岂非难上加难？

这本小说的主线是说世界上有一个秘密的团体，一直在保护耶稣的后代。我的信息系学生看到这点，个个摇头叹气。耶稣是两千年前的人，耶稣如有子孙，子孙的数目一定非常大，一个小小的团体如何能够做到这件事？即使我们只保护后代中的长子，也极有困难，因为某位长子如果没有儿子，我们必须去找他的弟弟。万一他没有弟弟，就必须去找他的堂兄弟。堂兄弟们住在哪里？难道这个团体有非常好的机制，可以追踪大批的人，也有大型计算机，可以储存这些资料？当然啰，这本书对此毫无交代。

最令我失望的是，书中说，他们知道证明耶稣结过婚的证据藏在哪里，可是却雷声大，雨点小，书里的主角们并没有把这个历史上的最大秘密，证实给读者看。如果证据是耶稣妻子的尸骨埋藏处，那么就应该将这个证据展现出来，可是，又该如何证明这是他妻子的遗骸呢？缺乏文字，也无法检验，所以无从证明，最后作者也只能草草收场，真可说这是一个虎头蛇尾的故事。

我们也许该原谅作者，他再厉害，也不可能想出一种令人信服的耶稣结婚的证据。一张羊皮纸上的结婚证书吗？即使上面有耶稣的名字，我们也无法证明这个耶稣是我们心目中的耶稣。当时的犹太人并没有姓氏，我们当然不可能因此而相信《圣经》里的耶稣结过婚。说实话，如果有人反过来，说他可以证明耶稣没有结过婚，也同样不可能。

这本小说可以被列为悬疑小说，但没有资格被列为侦探小说。悬疑小说有些小漏洞，乃是经常发生的事，但总不能有如此严重的逻辑问题，更不能如此地虎头蛇尾。举例来说，如果有人写了一本书，说某大国的将军秘密地偷了一枚原子弹，而且准备发射了，而且这位将军聪明过人，任何要抓到他的行动全部失败了。所幸原子弹未爆炸。什么原因呢？并不是因为别人想出了一个打败他的妙计，而是因为他心脏病发作。又或者有一部侦探小说，这部小说中的嫌疑犯很多，但就是没有什么具体的证据可以揪出凶手。大侦探最后如何破案呢？容易得很，凶手良心发现，出来自首。像这般虎头蛇尾的故事或是这么容易破案的侦探小说，又有谁不会写呢？

《达·芬奇密码》令我想起一部威尔·史密斯主演的电影：《星际终结者》（*ID 4*）。电影中，外星人大举入侵，地球上的人类毫无还手之力，美国总统也仓皇逃离白宫，美国空军用尽了所有的精良武器，都无法摧毁那些邪恶外星人的大型宇宙飞船。所幸有人发现这些宇宙飞船的防御网是由计算机联结的。所以威尔·史密斯和杰夫·戈德布拉姆所饰演的角色就在空中，将计算机病毒用电磁波送进了外星人宇宙飞船上的计算机。对方计算机瘫痪，他们的防御网也就垮掉了。

这部电影也是典型的虎头蛇尾，事情会如此简单吗？人类的计算机病毒都是针对微软的操作系统设计的，难道外星人用的计算机，也和我们人类用同样的操作系统吗？写这个剧本的人，显然没有一点计算机的常识。况且，在施放病毒的时候，是使用无线的方式，但无线传送必须要对方准备好才能接收，可是外星人会这么笨，去等着接收你传来的病毒吗？只要频率不对，根本就无法传送过去。

更令我大惑不解的是，美国的影评，无论是《纽约时报》还是《时代周刊》，都没有提到这一点。我当时就有一种想法：世人是很容易被唬住的，至少我们可以说，大多数人弄不清楚计算机病毒和操作系统有什么相关。因此他们看不出这部电影不合逻辑之处。他们纷纷走进电影院，使得这部电影大卖。

虽然《星际终结者》有点虎头蛇尾，但至少还有个结尾。而《达·芬奇密码》根本没有结尾。因为一开始说有证据，到最后却提不出证据来。《星际终结者》只是一部娱乐电影，并没有什么人严肃地讨论这部电影，《达·芬奇密码》就不同了。CNN 还制作了一期特别节目，郑重其事地讨论这本书，好像这本书极具学术价值，这是我极为担心的事。如果大家将这本小说看成是有趣的小说，也就罢了。大家如此看重这本书，使我感到大多数人似乎不喜欢讲究逻辑。

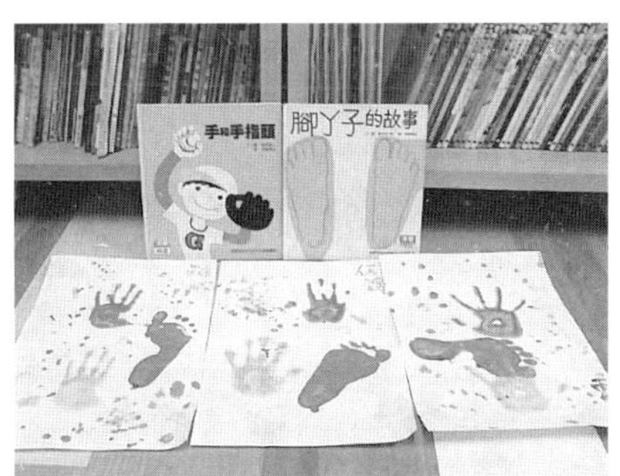

一部小说不合逻辑，无伤大雅，很多小说都是如此。只要读者知道哪些地方有问题，也就无所谓了。如果大家看不出有严重的逻辑漏洞，我们就应该担心了。如果众多的人根本不会逻辑思考，我们真该替人类忧心了。

我还是要强调，悬疑小说是不能在结束的地方胡乱了事的，因为悬疑小说最重要的地方是在结尾。胡乱结尾的悬疑小说，毫无价值，人人都会写。《达·芬奇密码》如果出自一位亚洲国家作者之手，不可能如此轰动，因为我们没有这么强大的炒作能力。

我们只好承认西方国家不仅在坚船利炮上，而且在商业操作和推销文化商品上，也是无往不利的。像“哈利·波特系列”，其实它的内容也还好，却如此的轰动，中国自己也有一部《封神榜》，绝对不在它之下，但外国的月亮比较圆，这种现象的确存在，似乎只要出自好莱坞、美国，就能引起大家的注意。但盲目地一窝蜂跟从，只透露出大家缺乏判断和逻辑思维的能力，所以才会这么捧场。

最后还是要回到本书的主题上，大量地阅读，多读一些有口碑的经典和佳作，并涉猎广泛和多元，不要设限，这样自然能提高我们判断和识别好作品的能力，也不会被强势文化或商业炒作牵着鼻子走。

本书为（台湾）博雅书屋有限公司授权中国人民大学出版社有限公司在大陆地区出版发行简体字版本。

图书在版编目（CIP）数据

大量阅读的重要性/李家同著．—北京：中国人民大学出版社，2012.6
ISBN 978-7-300-15441-1

Ⅰ.①大…　Ⅱ.①李…　Ⅲ.①读书方法-研究　Ⅳ.①G792

中国版本图书馆 CIP 数据核字（2012）第 142248 号

大量阅读的重要性
李家同　著
Daliang Yuedu de Zhongyaoxing

出版发行	中国人民大学出版社		
社　　址	北京中关村大街 31 号	**邮政编码**	100080
电　　话	010－62511242（总编室）		010－62511770（质管部）
	010－82501766（邮购部）		010－62514148（门市部）
	010－62515195（发行公司）		010－62515275（盗版举报）
网　　址	http://www.crup.com.cn		
经　　销	新华书店		
印　　刷	运河（唐山）印务有限公司		
开　　本	720 mm×1000 mm　1/16	**版　　次**	2012 年 8 月第 1 版
印　　张	8.5 插页 1	**印　　次**	2025 年 1 月第 11 次印刷
字　　数	100 000	**定　　价**	28.00 元